Deborah Feldman

JUDENFETISCH

Deborah Feldman

JUDEN FETISCH

Luchterhand

Die Namen und sonstigen Erkennungsmerkmale aller Personen in diesem Buch, die nicht explizit ihrer Nennung zugestimmt haben, wurden aus persönlichkeitsrechtlichen Gründen geändert. Wenngleich auch alle in diesem Buch beschriebenen Vorkommnisse auf wahren Begebenheiten beruhen, so wurden doch bestimmte Ereignisse verkürzt, verdichtet oder neu angeordnet, um aus künstlerischen Gründen den Fluss der Erzählung bestmöglich zu gewährleisten und die Identität der in sie involvierten Personen zu schützen und das Werk insgesamt unter den Schutz der Kunstfreiheit zu stellen.

Jeder einzelne Dialog ist, entsprechend meiner genauesten Erinnerung und in meinen eigenen Worten als Autorin, eine bestmögliche Annäherung an die Form, in der er tatsächlich stattgefunden hat. Einige wenige Textpassagen dieses Buches kamen in abweichenden Versionen in Zeitungsartikeln und Reden vor, sie sind hier erweitert und in den Erzählfluss eingegliedert worden.

Für Frank

Was ist der Zweck Ihrer Reise?

Wir haben den April 2022; gerade sind die Osterferien zu Ende gegangen, dieses Jahr sogar zeitgleich mit den jüdischen Feiertagen zu *Pessach*. Ich befinde mich vor der Kontrolle am Ben Gurion-Flughafen. Anders als in den USA reicht es hier sicherlich nicht mit einem einfachen »Business or pleasure«; hier möchte man von mir alles ganz genau wissen, ich kenne das schon von früheren Ankünften. Nach meiner Erfahrung gelten zwei Sorten Reisende als höchst verdächtig: die offensichtlich arabischstämmigen mit westlichen Pässen sowie Juden mit denselben. Ich reise obendrein mit meinem deutschen Pass an, da mein amerikanischer inzwischen abgelaufen ist. Von daher habe ich dem Personal gegenüber die gefälligste Erklärung meiner Anwesenheit parat:

Ich bin zur Yad Vashem-Zeremonie eingeladen.

Und siehe da, die Worte wirken tatsächlich wie ein Zauberspruch. Ich darf sofort weiterziehen. Ich bin so überrascht, dass ich kurz erstarre, dann vergewissere ich mich vorsichtshalber, ob ich das Abwinken des gleichgültig wirkenden Personals richtig verstanden habe. »Ich darf gehen?« Der Ankömmling hinter mir, der nun trotz der Abstandslinien auf dem Boden drängt, klärt die Sache für mich, indem er seinen Pass durchs Fenster schiebt, noch ehe ich den Platz freigeben kann. Weiter vorne wartet bereits meine Begleitung ungeduldig; das System hat ihn auf digitalem Weg ohne jeglichen Alarm durchgeschleust, während schon beim ersten Einscannen meines Passes der Bildschirm mir befahl, das Personal aufzusuchen.

Zum ersten Mal, seit das Coronavirus sich in der ganzen Welt breitgemacht hat, bin ich wieder in Israel. Beim letzten Mal, Anfang 2020, war das Virus schon Thema in allen Zeitungen und meine Abreise nach Berlin dramatisch, die Stimmung im Flugzeug angespannt. Ich trat meinen Rückflug an, wenige Stunden bevor eine Regenflut die Straßen von Jafo, wo ich eine Woche verbracht hatte, in wütende Flüsse verwandelte. Damals hatte ich mir noch gar nicht vorstellen können, oder wollen, was diese Nachrichten für die Welt und für mich bedeuten würden. 2019 hatte ich mit dem Schreiben eines Romans begonnen, in dessen Zentrum eine Art anti-messianische Figur namens Miriam stand, die mich auf fast trotzige, jedenfalls unerwartete Weise, immer wieder nach Jerusalem lockte, und als die israelischen Grenzen dann im Frühjahr 2020 schlossen, sah ich mich in meinem noch tastenden Unterfangen ganz plötzlich abgebremst. Ich bemühte mich trotzdem und werkelte weiter an einer Geschichte, die allerdings noch immer einer vollständigen Karte bedurfte, wie mir inzwischen klar geworden ist.

Zwei Jahre verstrichen, in denen es mir so vorkam, als würden die Grenzen nie wieder für mich offen sein, und das hatte fast etwas Symbolisches: Israel nun für immer unerreichbar, und ich, die Jüdin, dazu verdammt von der Geschichte, sich zu spät auf den Weg gemacht zu haben.

Denn seit es Israel gibt, geht es für die im Ausland lebenden Juden zumindest halb im Ernst um genau diese Frage: Gehe ich jetzt dorthin, oder warte ich noch ab? Die Angst, sich zu spät zu entscheiden, begleitet einen immer. Daher stammt das Bild des gepackten Koffers heutzutage: Man ist bereit, sofort nach Israel zu ziehen, sobald es einem zu unbehaglich wird in der Diaspora, wichtig ist, dass er griffbereit ist. Ich allerdings habe keinen gepackten Koffer; früher war ich vielleicht in dieser Hinsicht noch sehr beweglich, aber heute bin ich in Berlin mit lauter schweren Gegenständen und unverbrüchlichen Verbindungen erstaunlich sesshaft geworden.

Als die israelische Regierung dann Anfang 2022 ankündigte, Geboosterte alsbald die Einreise zu gewähren, hatte ich mich umgehend zu meiner Hausärztin begeben, um mich so schnell wie möglich impfen zu lassen, damit ich der vorgesehenen Regelung entsprechen konnte. Ich wusste schon, dass mein Roman ein Eigenleben entwickelt hatte, die Geschichte hatte schon von Anfang an ziemlich hartnäckig darauf beharrt, eine andere zu werden, ich wusste, sie würde sich meinen Zähmungsversuchen zur Wehr setzen, und deshalb hatte ich diese Reise organisieren lassen: Eigentlich war es darum gegangen, einen lange vereinbarten Arbeitsauftrag in Tel Aviv anzutreten, der seit dem Einsetzen der Pandemie immer wieder verschoben worden war, Honorar und Reisekosten inklusive. Nun war dieser Auftritt vor zwei Tagen schon wieder abgesagt worden, diesmal auf Grund eines Terrorangriffs in der Stadt. *Bitte treten Sie die Reise dennoch an*, hatte man mich ermutigt; schon bald wolle man außerdem einen Ersatztermin vereinbaren, und ich sagte natürlich nicht das, was ich immer noch denke, nämlich dass wer auf Grund von Terrorangriffen in Israel Termine absagt, auf Planungen sowieso verzichten kann.

In Israel hätte ich als Repräsentantin auftreten sollen, als Beweis des wieder gedeihenden jüdischen Lebens in Deutschland – wozu ich immer wieder aufgefordert werde, um dann unweigerlich eine Enttäuschung auszulösen, denn ich kann keine Anzeichen für das jüdische Leben anbieten: keine bestimmten Kleidungsmaßnahmen, keine Bräuche, keine geheimen Rituale, die nur hinter den Kulissen ausgelebt werden. Ich bin Jüdin nur entsprechend der Bezeichnung: meine Identität existiert eigentlich nur im Akt ihrer Zuschreibung, sie bezieht sich auf eine Erfahrung, die ich gemacht habe, aber nicht mehr mache; sie ist also nur in der Meta-Erfahrung verankert, diese Zuschreibung von außen erdulden zu müssen. Da hat sich im Prinzip seit dem Zweiten Weltkrieg wenig verändert; auch damals hatten die Menschen kaum eine Wahl, ihre Identitäten selbst zu bestimmen, heute werden sie einem im Namen der Wertschätzung und Pluralität leider immer noch auferlegt. Ein Mensch sollte frei sein, seine Identität in der Mehrheitsgesellschaft auszuleben, ganz klar, aber sollte er oder sie nicht auch frei sein, diese abzustreifen, wenn ihm oder ihr danach ist?

Ich sollte also nach Israel fliegen, um den Leuten *den neuen deutschen Juden* zu zeigen, Produkt der eigenen Herstellung sozusagen, neben dem Mercedes und der beliebten Boschmaschine, die meine Großmutter als einzige Ausnahme des Deutschlandboykotts in unserem Haus erlaubte, weil sie den Teig für die *Challah*-Laibe so unermüdlich kneten konnte. Ich wiederum trete etwas weniger unermüdlich für diese deutsche Sache ein, um jedes Mal zu erklären, dass mein Leben wenige Merkmale vorzeigen kann, die diese fantasievollen Kriterien des *Jüdischseins* erfüllen, und dass das Ganze *deutsch-jüdisch* zu nennen, nur ein Beweis dafür wäre, wie sehr wir uns noch nach Erzählungen von Verschiedenheiten sehnen, nach Geschichten von Zugehörigkeiten und Verfremdungen. Es ist genau diese Sehnsucht, die meinem Leben im Wege steht, die mich immer wieder zurück auf meinen Platz verweist, wie ein Schulmädchen im Internat, aber falls sie bei mir diese mysteriöse Israel-Anziehung erklärt, bin ich genauso in ihr verstrickt und darf als Allerletzte den Finger zum Vorwurf heben.

Verständlicherweise freue ich mich aber, Tel Aviv nun vollständig ausweichen zu dürfen. Ich muss dieses Mal doch nicht Repräsentantin spielen, ich muss mich nicht den israelischen Juden als Diaspora-Jüdin gegenüberstellen. Ich werde stattdessen untertauchen, ich werde jetzt direkt nach Jerusalem fahren, an den Ort, an dem meine Romanfiguren so lange orientierungslos herumgeisterten, auf der Suche nach ihrer Erlösung, oder nach meiner eben, schwer zu sagen.

Um mich herum erzählt man sich schon seit einer Weile inbrünstig, ja nahezu beschwörerisch, dass die Normalität sehr bald zurückkehren werde. Nach den Ereignissen der letzten Zeit zweifele ich aber noch daran, und sicherlich fühlt sich diese Ankunft alles andere als normal an. Ich muss mich noch am Flughafen testen lassen, um einreisen zu dürfen, und danach vierundzwanzig Stunden in meinem Hotelzimmer eingesperrt auf das Ergebnis warten. Ärgerlich, aber nicht unzumutbar, denke ich und schreite folgsam zum Testzentrum. Immerhin hat die Kontrolle nur ein paar Sekunden gedauert. Beim letzten Mal waren es drei Stunden gewesen.

Das Testen findet in einer riesigen Halle statt, vermutlich ein umgebautes ehemaliges Lagerhaus, mit hohen Decken aus Blech, sodass die surrenden Klimageräte verheerend unwirksam sind. Ich fange sofort an zu schwitzen. An drei der langen Wände sind nummerierte Schalter aufgereiht, und in der Mitte hat sich eine Schlange von ankommenden Passagieren gebildet, die jeweils darauf warten, einem dieser Schalter zugewiesen zu werden.

Ich spüre, wie meine Angst steigt, denn ich habe bereits die ultra-orthodoxen Familien bemerkt, die nun massenhaft aus dem Urlaub zurückkehren, und ich befürchte, dass die lange Wartezeit es begünstigen könnte, dass einer von ihnen mich erkennt. Aber ich muss ebenfalls gestehen, dass die verworrenen, geisterhaften Erinnerungen, die derartige Gestalten in mir wecken, eine emotionale Überforderung darstellen: in solchen Momenten fühlt sich meine Vergangenheit, sonst so wohltuend fern und verschwommen, plötzlich bedrohlich nah an, wie ein zweiter Schatten, der sich an meinen eigentlichen Schatten heranschleicht.

Ich bin gereizt und folglich etwas unfreundlich, während die Dame hinter Schalter 17 meine Daten aufnimmt, denn hinter mir steht eine Gruppe chassidischer Männer, die gerade ebenfalls zum Warten angewiesen wurde, und die Situation ist mir äußerst unangenehm. Aber die Männer sehen, dass das Personal an diesem

Schalter weiblich ist, und melden sich aufgeregt, um ihr religiöses Recht auf gleichgeschlechtliche Behandlung geltend zu machen. Sie haben sich bereits anderweitig umgesehen, als die Testerin schließlich beginnt, mit ihrem langen Stab in meiner Nase und meinem Rachen herumzustochern, aber sie muss den Vorgang wiederholen, weil der erste Versuch offenbar nicht genau nach Vorschrift verlief. Ich bekomme kaum etwas davon mit, weil ich ausschließlich darauf konzentriert bin, die Reaktionen der Ultra-Orthodoxen im Raum auf meine Anwesenheit hin zu kalibrieren.

Ich schaffe es aus dem Saal, ohne mehr als ein paar schielende Blicke erregt zu haben. Beim Ausgang wieder diese Frage: *Was ist der Zweck Ihrer Reise?* Und ich wieder: *Die Yad Vashem Zeremonie.* Noch nie lief es hier für mich so glatt, eine Jüdin mit deutschem Pass, geboren in New York, die nicht einmal richtig Hebräisch spricht.

Es stimmt schon, dass ich vorhabe, die Zeremonie an dem Holocaust-Gedenktag aufzusuchen. Aber es ist nicht wirklich der Zweck meiner Reise, nicht im Sinne von einem fassbaren Ziel, wovon geredet wird, wenn man an den Sicherheitskontrollen steht. Auch der Roman reicht nicht als Begründung; meine Figuren scheinen mehr über ihre Mission zu wissen als ich selbst; warum sie mich nach Jerusalem drängen, ist mir immer noch nicht ganz begreiflich, gerade wenn man meine anfängliche Absicht, meinen Roman ausschließlich in der Diaspora zu verorten, in Betracht zieht. Ich kann diesem Grenzpolizisten am Flughafen nicht überzeugend darstellen, warum Miriam nach Jerusalem will, obwohl sie aus Antwerpen kommt. Ich kann ihm nicht sagen, warum ich mich immer noch auf seltsame Weise hierhergezogen fühle, obwohl ich antizionistisch aufgewachsen bin und seitdem nichts wirklich Anderes erfahren habe, was diese Haltung irgendwie hätte aufbrechen können. Alle wollen einen Zweck, ohne ist man verdächtig, unerwünscht, aber die eine, einzige Antwort auf diese sich ständig wiederholende, fast schon aufdringliche Frage, warum ich hier bin, ist entweder eine, die ich nicht wissen will, oder eine, die ich nicht wissen kann. Letzteres würde mich weniger ärgern als Ersteres.

Habe ich das richtig verstanden? Du bist gerade in Israel? Ich fasse es nicht!«

Die Nachricht liest sich vorwurfsvoll, ist aber eigentlich freundlich gemeint. Sie stammt von David C. aus Groningen, und der Kontext ist folgender: Vor ein paar Wochen verbrachten wir zusammen mit seiner Schwester Rachel und einer gemeinsamen Freundin namens Carla, allesamt ursprünglich aus den USA, das Wochenende an der Côte d'Azur, wo er uns mit einer nahezu professionellen Führung durch die ehemaligen jüdischen Villen Kérylos und Ephrussi beglückte. Wir hatten uns in den Hügeln von Èze ein Haus gemietet und sprachen dort auch über unsere verschiedenen Entscheidungen, nach Europa auszuwandern, wobei wir schnell auf das unvermeidliche Thema unseres Jüdischseins gekommen waren, was natürlich zu einem improvisierten Konzert aus alten jiddischen Liedern führte … und bei all dem hatte ich irgendwie zu erwähnen vergessen, dass ich unmittelbar vor einer Israelreise stand. David ist nun auf Grund dieses Versäumnisses verständlicherweise empört.

Ich antworte kurz per SMS, während ich im Taxi unterwegs nach Jerusalem sitze.

»Ich hatte einen Arbeitsauftrag, der nach dem Terrorangriff kurzfristig ausfiel, aber da die Reise schon gebucht und bezahlt war, habe ich sie trotzdem angetreten.« Ich mache kurz Halt. Was für eine einfach gestrickte Erklärung – sie ist Davids wirklich nicht würdig. Ja, streng genommen ist sie stimmig. Und sie ist eine von vielen Antworten, die ich in den kommenden Tagen je nach Belieben austeilen werde, aber sie ist keine wahrhaftige Antwort, und David hat einen freundschaftlichen wie intellektuellen Anspruch auf eine eben solche Wahrhaftigkeit. Ich probiere eine andere Antwort aus, tippe sie entschlossen weiter. »Ich muss zugeben, die Stadt Jerusalem zieht mich an.«

Ist das die ehrlichste Antwort, die ich seinetwegen auftreiben kann? Ein Hinweis auf die nachvollziehbare, gewöhnlich weltweit anerkannte Anziehung, die von der schweren Mythologie dieses Ortes ausstrahlt, die mich genauso trifft wie alle anderen, die seit eh und je hierhergepilgert sind? Bin ich denn eine gewöhnliche Pilgerin? Auf der Suche nach Transzendenz? Kann so eine Antwort David wirklich zufriedenstellen?

Wegen der Staus auf dem direkten Weg in die Stadt hat der Fahrer eine längere Umleitung gewählt, die uns nun durch die ärmeren arabischen Viertel im Norden der Stadt führt. Dies erkenne ich an den schwarzen Wassertonnen, die zwischen den weißen Satellitenschüsseln auf den Dächern der blassen Steingebäude emporlugen.

»Ich bekomme sofort Nesselsucht am ganzen Körper, wenn ich israelischen Boden betrete«, schreibt David mir nun zurück. »Ich weiß nicht, wie du das nur aushältst!«

Ich schicke ihm ein kunstvoll arrangiertes Bild von den roten Pünktchen, die tatsächlich an meinen Beinen hochklettern wie junge, sich noch entfaltende Blätter einer unsichtbaren Ranke, und als Bildunterschrift: »Ich anscheinend auch.«

Es ist aber wahrscheinlich nur ein zufällig ausgelöster Schub. Nesselsucht ist bei mir eher ein chronisches als ein auf Israel bezogenes Problem. Und überhaupt, die Anziehung wirkt doch meistens kontraintuitiv. Oft wissen wir schon im Voraus, was uns nichts Gutes verheißt, und verfolgen es trotzdem: Der Körper mag Widerstand leisten, der Geist ebenfalls, aber das Herz lässt sich selten davon abbringen.

Davids Erklärung mag ein wenig dramatisch klingen, aber vor zehn Jahren hätte sie mich kaum überraschen können. Die amerikanischen Juden, die mich damals in New York umgaben, äußerten sich überwiegend ähnlich. Ich kannte damals keinen, der freiwillig nach Israel reiste, viel eher suchte man Anregung oder Abenteuer in Paris und Berlin. Israel war nicht unbedingt verpönt, wie es zum Beispiel bei radikalen Linken der Fall war, sondern eher ein Unthema. Und nach meiner Kindheit in einer anti-zionistischen, ultra-orthodoxen Gemeinde, in der Israel damals noch ein Tabu darstellte, hatten die links-liberalen Juden in New York, die jedwede »Szene« zu prägen schienen, diese Realität bei mir geradezu eingemeißelt. Ich habe einfach nie an Israel gedacht und hätte mir das Land keineswegs als Reiseziel vorstellen können. Selbstverständlich kaufte ich mir, als ich auf dem College das Palästina-Problem als omnipräsenten politischen Topos wahrnahm, der stellvertretend für jeden Konflikt als eine Art suprametaphorischen Platzhalter herhalten musste, fast pflichtgemäß, ein paar Bücher zur Geschichte der Gründung Israels, um ein bisschen mehr zu erfahren. Ich las diese Bücher mit der Verwunderung und Konsternation einer Unbeteiligten und wunderte mich insgeheim über diese Tatsache: Israel war mir, einer Jüdin, vollkommen fremd – während andere, nicht-jüdische Menschen alles darüber zu wissen schienen, was es zu wissen gab, oder es zumindest behaupteten. Ich musste nachholen, um in dieser von der Israel-Debatte geprägten Kultur mithalten zu können. Und doch, nachdem ich das College verließ, und damit die kulturelle Blase der akademischen Eliten, verschwand die Notwendigkeit dieser damals fleißig gewonnenen Einsichten recht zügig.

Wenn überhaupt, beschäftigte sich der Großteil der amerikanischen Juden um mich herum (will sagen: an der Nordostküste) eher mit dem Holocaust, und dadurch mit der jüdischen Geschichte Europas, mit der diese Juden sich einerseits verbunden fühlten, aber von der sie sich andererseits immer weiter entfremdeten, denn auch diese Themen schienen die jüngere Generation deutlich weniger zu interessieren. Eine Kommilitonin von mir namens Louisa, die ich in einem Literaturwissenschaftskurs kennenlernte, hatte einen jüdisch klingenden Nachnamen: Goldstein. Ich fragte deshalb vorsichtig nach – *ist dein Name jüdisch?* –, und sie schien überrascht, aber nicht betroffen von meiner Frage nach ihrer Herkunft. Meine Vermutung bestätigte sie allerdings nur bedingt, denn sie schien diese Identität ausschließlich auf ihre Eltern verlagern zu wollen. *Ja, meine Eltern sind jüdisch*, erwiderte sie. Es klang so, als müsste diese Tatsache keine Auswirkung auf ihr eigenes Dasein haben. Warum auch? Eine Identität, die nur mit der Erinnerung an eine Erfahrung zusammenhängt, aber nicht mehr mit der Erfahrung selbst, kann nur sehr mühsam fortgeführt werden; ohne die üblichen Ermutigungen verliert sie sonst jeden Existenzanspruch. Louisa war so sehr vom amerikanischen Mainstream vereinnahmt, dass sie sich nur ein wenig zurückhalten müsste, und schon war das Jüdische verflogen, eine entfernte Wolke am Horizont, zur Auflösung verdammt. Die Rabbiner nannten das die große Gefahr der Assimilation, und den Holocaust sahen sie triumphierend als Beweis für deren Vergeblichkeit, sogar deren endgültiges Versagen.

Dieselben Rabbiner hatten die vielen Beispiele übersehen wollen von den Deutschen, die vor Generationen noch den einen oder anderen jüdischen Vorfahren gehabt hatten, der nicht mehr auf ihr Schicksal wirkte. Der Holocaust war nicht unbedingt der Beweis der versagten Assimilation, nur der Beweis des Scheiterns der neuesten Versuche. Vielleicht würde Louisa eines Tages Kinder kriegen, und diese würden wiederum Kinder kriegen, und diese würden dann eines Tages erzählen, *ach ja, unsere Großmutter war tatsächlich Jüdin, meine ich gehört zu haben*, und dabei würde es dann bleiben. Und jeder wird dazu eine andere Meinung haben dürfen, ob dies nun eine Tragödie sein möge oder nicht.

Dennoch wusste Louisa, dass es ihren Eltern wichtig war, das Jüdischsein, und obwohl sie damit wenig anfangen konnte, wollte sie ihnen ein Geschenk machen, und so lud sie mich bald zu sich nach Hause ein, um mit ihrer Familie zu Abend zu essen. Als Erstes zeigte sie mir die Pelzmäntel, die ihre europäische Großmutter hinterlassen hatte; sie verstaubten in der Garderobe von Louisas Mutter und wurden nur selten getragen. »Etwas außer Mode geraten«, erklärte sie. »Aber ich mochte es als Kind so sehr, sie anzuziehen und damit durch die Wohnung zu stolzieren.« Ihre Großmutter hatte es schon vor dem Krieg nach Amerika geschafft. Das war das Einzige, was Louisa sicher wusste. Es war auch der ausschlaggebende Faktor, wie ich verstand, denn in Amerika unterscheiden sich die Juden, die »vorher« kamen, sehr deutlich von denen, die »nachher« kamen. Es ist so, als gäbe es zwei verschiedene Arten, jüdisch zu sein, die nie miteinander vereinbar sein könnten. Ein bisschen wie der Mythos der *Mayflower* kommt mir diese Herkunftsfrage vor: Die Menschen, die mit dem ersten Schiff nach Amerika kamen, mögen damals genauso benachteiligt gewesen sein wie die Menschen, die in späteren Einwanderungswellen folgten, und doch schafften es diese ersten Einwanderer, sich zu einer Elite zu stilisieren, zu der sie sonst nie hätten werden können. Die Juden schienen einem ähnlichen Muster zu folgen: Je länger eine Familie in Amerika war, desto assimilierter waren ihre Nachkommen, und je assimilierter diese Nachkommen waren, desto stärker waren sie in den aktuellen Elitemilieus vertreten. Und Louisa war sehr assimiliert. Die Kurzgeschichten, die sie manchmal in Workshops vorlas, handelten alle von *Fourth of July Barbecues* und Hummerfestmahlen am Strand. Sie waren voll von diesen

Bildern, die, wie ich später erfuhr, als *Americana* bezeichnet werden. Das war keine Vortäuschung, auch keine bewusste Aufführung. Ihre Eltern haben ihr dieses Leben zwischen Schweinerippchen und Hummer, zwischen Café Luxembourg und Cape Cod mit ihren hohen Gehältern einer führenden Rechtsanwaltskanzlei tatsächlich beschert. Das war also alles, worüber Louisa hätte schreiben können. Und obwohl sie die einzige andere Jüdin in der Klasse war, reagierte sie genau wie die anderen Kommilitoninnen auf meine Geschichten, die voll waren von jiddischen Wörtern und kulturellen Anspielungen aus dem Schtetl; sie schien genauso verunsichert. Aber sie ahnte anscheinend, dass ihre Eltern mehr mit mir würden anfangen können als sie selbst.

Mit Louisas Eltern am Tisch war die Sache in der Tat ein wenig anders als in den verdunkelten Klassenzimmern auf dem College, wo das Licht durch die kleinen Giebelfenster mit ihren rautenförmigen Scheiben drang und die alten Holzböden mit einem kreuz und quer verlaufenden Schattenmuster überzog. Hier waren wir im Penthouse am Riverside Drive, mit Blick auf den Hudson River und das Ufer von New Jersey, und drinnen war alles »midcentury modern«, ein wenig so, wie man sich Susan Sontags Wohnung vorstellen würde. Wir aßen *Moo shu* und *General Tso's* mit Stäbchen aus kleinen weißen Pappschachteln; die Küche schien nie benutzt worden zu sein. Ich erzählte ein bisschen von mir, ich hatte damals gerade die chassidische Gemeinde verlassen, war alleinerziehend mit einem vierjährigen Sohn und durch die Verantwortung übermäßig ernst geworden, aber in vielerlei Hinsicht dünnhäutig, naiv, verträumt. Sobald Herr Goldstein feststellte, dass ich im Prinzip eine Beschwörung aus dem Schtetl war, wurde er überraschend rührselig und streckte mir eine grauhaarige Hand über den Tisch entgegen, als wolle er meine ergreifen, und in gedämpftem, bedeutungsschwangerem Ton sagte er:

»Was mir immer klar war, obwohl ich sonst gar keine Verbindung zu irgendetwas Jüdischem habe, ist, dass trotz allem, was meine Familie geleistet hat, trotz allem, was ich selbst geleistet habe, Hitler heute genauso an meine Tür anklopfen würde wie damals ... und diese Tatsache, das habe ich schon immer verstanden, ist das, was mich zum Juden macht.«

Das Bild kam mir zuerst absurd vor. Als hätte Hitler an Türen angeklopft, als wäre überhaupt an Türen so sanft und zivilisiert angeklopft worden! Aber nach einem Moment begriff ich die Bedeutung seiner Aussage durchaus: Hätte es Hitler nie gegeben, hätte er sich wahrscheinlich seiner jüdischen Identität entledigen können. Die Tatsache, dass der Holocaust stattgefunden hatte, machte dies für ihn, wie für seine ganze Generation, unhaltbar. Louisas Vater befand sich jedoch in der schwierigen Lage, keinen anderen Bezug zum Judentum zu besitzen als diesen. Und nun saß ich ihm gegenüber, mit einer Kindheit voller Talmudgeschichten und volkstümlicher Überlieferungen, und sollte ihm eine Art Stempel verpassen, eine sachkundige Anerkennung seines Status, den er bisher nur aus dieser historischen Tatsache hatte ableiten können. So jedenfalls interpretierte ich seine hoffnungsvolle Miene und das lange Schweigen, das sich nun über unser Gespräch legte.

Ich wich aus, in dem ich die Talente seiner Tochter lobte. Dies schien ihm fast noch besser zu gefallen als jedwede vorschriftsgemäße ethnokulturelle Bescheinigung. Louisa war auf die besten Privatschulen in Uptown Manhattan gegangen. Mehr als eine Million Dollar hatte ihr Vater für ihre Ausbildung schon ausgegeben. Aus ihr solle ein Stern in der New Yorker Kulturszene werden, schwärmte er, einen Job habe er ihr bei einer der wichtigsten Kunstagenturen der Stadt schon gesichert – die Inhaberin sei früher seine Mandantin gewesen. Da sollte Louisa direkt nach ihrem Diplom anfangen. Als ich Jahre später mein erstes Buch veröffentlicht und entschieden hatte, Manhattan endgültig und auf Nimmerwiedersehen zu verlassen, würde mich Louisas Vater darum bitten, bei meinem Vermieter ein Wort für seine Tochter als Nachmieterin einzulegen. Dies tat ich dann auch, und sie sollte dann auch noch lange, während sie ihrer Tätigkeit in der Agentur nachging, tatsächlich dort wohnen. Die Art und Weise, wie diese Menschen, mit denen ich eigentlich eine Identität teilen sollte, sich so sehr um ihr Eigenes sorgten, wie man das auch in meiner Gemeinde früher getan hatte, entging mir nicht; es schmerzte, dass sie sogar bereit wären, von so jemandem wie mir zu profitieren, obwohl ich so viel weniger hatte als sie, obwohl sie mich nie für würdig befunden hatten, selbst Profiteurin ihres Netzwerkes zu sein. Ich war für sie nur ein Maskottchen, eine Geschichte für ihre Dinnerpartys, so schien es mir jedenfalls; später erfuhr ich, dass sie infolge meines unerwarteten Auftritts in der Öffentlichkeit sich sogar dazu entschieden hatten, an eine Organisation zu spenden, die solche Menschen wie mich zu unterstützen behauptete: Meine plötzliche Bekanntheit hatte die Sache für sie auf einmal sehr relevant gemacht. Ich schluckte, wie ich damals alles schluckte; ich war in dieser mir neuen Gesellschaft ein Mensch ohne Berechtigungen, und ich tat alles, um Gefallen zu verdienen. Aber der Kontakt zwischen mir und Louisa hielt nicht. Ich war weg aus New York, wo alles, was zählte, ablief, und daher nicht mehr interessant für sie. Nur ihre Eltern sah ich gelegentlich noch, weil ich mir meinen neuen Wohnort in der Nähe von ihrem Sommerhaus ausgesucht hatte, wo sie immer mehr Zeit verbrachten, nachdem sie in Frührente gegangen waren.

Wahrscheinlich verband mich diese Ambivalenz bezüglich meines Jüdischseins damals mit dieser Familie – schließlich wollte ich nicht nur der Stadt, sondern auch dem Thema der ethnischen und kulturellen Identität selbst entkommen. Ich bezog ein Haus am »Seedorf See« – da, wo Louisa jeden Sommer ihrer Kindheit verbracht hatte; es war der See, woraus sie so viele Erinnerungen für ihre gezierten Kurzgeschichten schöpfte. Doch obwohl sie sich immer große Mühe gegeben hatte und es verstand, mit einer fein abgestimmten Sprache starke, sinnliche Bilder heraufzubeschwören, suggerierten diese Geschichten nie etwas Tieferes als das sonnenbeschienene Seebett, zu dem sie immer wieder hinuntergetaucht war, Tag für Tag, Sommer für Sommer.

Vielleicht war es genau diese Oberflächlichkeit, wonach ich mich damals gesehnt hatte. Einmal hatte Louisa mich für ein Wochenende in dieses Dorf mit seiner niedlichen, penibelst gepflegten Einkaufsstraße und seinen selbstbewussten Landhäusern auf den großen, schmucken Gütern und Anwesen eingeladen und mir alles und jeden gezeigt, und ich hatte damals schnell begriffen: sollte ich hier tatsächlich ein paar Juden begegnen, wären sie so angepasst, dass ich sie nicht erkennen würde. Und so versuchte ich unbewusst, in die Fußstapfen all jener amerikanischen Juden zu treten, die das Schtetl so weit wie möglich hinter sich lassen wollten. Ich veranstaltete Grillpartys am vierten Juli auf meinem grünen Rasen und meldete meinen Sohn zu Tennis-, Lacrosse- und Schikursen an, und eine Weile lang sah es so aus, als könnte es ewig so weitergehen, als würde die Vergangenheit sich immer mehr von mir lösen, oder ich mich von ihr – als würde nur die Tür bleiben müssen, woran der Spuk Hitlers jederzeit anklopfen könnte.

In Jerusalem ist es schon so heiß wie im Berliner Sommer. Unser Hotel liegt gerade noch in Ost-Jerusalem, kunstvoll versteckt hinter einer Hauptader des Stadtverkehrs namens *Sderot Haim Bar Lev*, auch als *Highway 1* bekannt. Es überrascht mich, dass auf einer Seite dieser Straße die arabische Bevölkerung leben soll, während die ultra-orthodoxen Gemeinden sich direkt auf der anderen Seite befinden. Diese Nähe widerspricht meinen Erwartungen. Es trennt diese beiden vermeintlich verfeindeten Welten voneinander nur eine gewöhnliche Straße, ein paar Schritte, ein Ballwurf. Wie soll das funktionieren, in einer Stadt, die so spannungsgeladen ist, dass sie sich regelmäßig in Gewaltausbrüche entlädt wie das Grollen eines reizbaren Vulkans – wie sollen all diese unversöhnlichen Stämme einen Alltag bewältigen, in dem sie auf Schritt und Tritt einander anrempeln müssen?

Ich wollte natürlich nicht mitten im frommen Viertel wohnen, wollte auch nicht gezwungen werden, die Regeln des Schabbats und des koscheren Essens einzuhalten, wie es selbst in den teuersten und modernsten Hotels im touristischen Zentrum Jerusalems üblich ist; also hatte ich mich für dieses kleine, aber geschichtsträchtige Hotel entschieden: siebzehn Zimmer um einen begrünten Hof herum, aus Altersgründen etwas angeschlagen und hellhörig, aber gerade deswegen unbestreitbar charmant. So nah an der jüdischen Welt und zugleich doch sehr weit von ihr weg. Dies leite ich von der Empörung unseres langbärtigen Taxifahrers ab, der immer wieder nachfragt, wieso ich, offensichtlich Jüdin, »bei den Arabern« unterkommen will. Dabei sind die »Juden«, mit denen ich aufgewachsen bin, nur einen Katzensprung entfernt, wie ich erwidere. Aber für den Fahrer bin ich gänzlich abgestiegen, er schüttelt nur seinen Kopf in einer Geste des Missfallens, und bei der Bezahlung lässt er sich ein ordentliches Trinkgeld bescheren, indem er so lange nach Rückgeld sucht, bis wir die Sache aufgeben.

Dabei bin ich nicht einmal wie David, der mir nun stolz wieder zurückschreibt, dass er sich bei seinem einzigen Besuch in Jerusalem geweigert habe, den Osten der Stadt auch nur ein einziges Mal zu verlassen, dass er sich nur bei arabischen Gastgebern habe bewirten lassen, nur in den arabischen Läden eingekauft habe (und wie es wohl überall in Jerusalem der Fall ist, sei es im Osten oder im Westen, viel zu viel für alles bezahlt habe). Ich bin nicht von dieser Art, die alles aus bewusstem Trotz macht, um ein Zeichen zu setzen. Ich habe ohnehin selten Gedanken übrig für das, was man heute *Virtue signalling* nennt, d. h. bei jeder Gelegenheit seine politische Überzeugungen hinauszuposaunen. Ich bin nicht »bei den Arabern«, weil ich es so will; viel eher bin ich da gelandet, weil mir die Alternative zu gefährlich erscheint. Ich will nicht von »unseren« Fanatikern auf der anderen Straßenseite erkannt werden, die mir persönlich bedrohlicher vorkommen als jeder islamistische Eiferer. Vielleicht erscheinen uns die Fanatiker, die wir gut kennen, als natürlichere Bedrohung im Vergleich zu denen, die wir nicht kennen, oder vielleicht erscheinen wir ihnen gerade wegen dieser Vertrautheit eher als Zielscheibe. Ich kann es nicht genau erklären, warum ich mich auf dieser Seite der großen Straße wohler fühle, aber es ist nun mal so.

In Berlin sagen mir meine arabischen Freunde, ich käme ihnen eigentlich arabisch vor. Das läge nicht unbedingt an meinem Aussehen, obwohl ich früher öfters für eine Syrerin oder Libanesin gehalten wurde, damals, als ich in meinem ersten Jahr in Deutschland eine Wohnung in der Sonnenallee bezog und plötzlich den alltäglichen Austausch mit Menschen aus arabischen oder levantinischen Ländern hatte. Nein, sie machen das an ganz präzisen Details fest, zum Beispiel, wie ich an meinen Kleidern schnüffele, bevor ich sie zur Reinigung gebe, oder wie ich vom türkischen Obst- und Gemüseladen mit vollen roten Plastiktüten mühsam angeschleppt komme. »Du erinnerst mich an meine Mutter«, sagt M. immer zu mir mit seinem großmütigen Grinsen, das bis an seine Augenpartie zuckt. 2015 ist er aus Syrien hierhergekommen, und seit mehr als fünf Jahren ist er ein geschätzter Nachbar: Komischerweise weiß er mehr über mein Privatleben als viele meiner engsten Freundinnen. »Ich freue mich einfach, dass du nicht gleich Großmutter gesagt hast«, hatte ich ihm beim ersten Mal mit einem ironischen Schmunzeln geantwortet. Aber wir witzeln immer noch deswegen, es ist eine Art von gemeinsamer Verwunderung darüber, wie es sein kann, dass wir uns so gut verstehen, dass wir stundenlang miteinander laut und lachend plaudern können, ohne dass da das kleinste Zeichen einer Fremdheit zu spüren wäre. Wann immer wir uns sehen, schütten wir uns umgehend unsere Herzen aus; jede Belastung wird bemitleidet, jedes Glück mitgefeiert.

Die Freundin von M. stammt auch aus Syrien, aber Z. wohnte früher nicht in Damaskus wie er, sondern in einem Flüchtlingslager für palästinensische Familien, die bei der Gründung Israels aus ihrem Zuhause vertrieben wurden. Als Erstes legte sie ihren Hijab ab nach ihrer Ankunft in Deutschland, erzählte sie mir. Sie fing an zu studieren, genoss die Freiheit, als Frau im Westen ihr Leben so zu bestimmen, wie es ihr gefiel. Das sagt sie mir, glaube ich, weil sie meine Geschichte kennt, sie ahnt, dass dieser Lebensweg unser gemeinsamer ist. M. bat mich dennoch eindringlich vor dieser Reise, nichts über Palästina oder Israel auf meinen Social Media Kanälen zu posten, er meinte, dies würde Z. zu sehr schmerzen, da sie nie wieder ihre Familie und die Orte ihrer Herkunft besuchen könne.

»Fastet ihr tatsächlich im Ramadan«, hatte ich neugierig gefragt, »oder genießt ihr nur die festlichen Mahlzeiten hinterher?«

»Meine Mutter denkt, dass ich faste«, sagte Z., und M. pflichtete ihr bei. »Wichtig ist, dass die Eltern denken, dass wir es auch hier mitmachen.«

»Also, ich versuche es!«, meinte Z. »Zumindest den halben Tag! Fastet man bei euch auch?«

Die jüdischen Fastentage sind über das ganze Jahr verteilt, zwischen die Feiertage gestreut oder schmiegen sich direkt an sie an; sie besitzen unterschiedliche Wichtigkeitsgrade und sind daher auch variablen Regeln unterworfen, aber sie folgen niemals hintereinander wie beim Ramadan, der einen ganzen Monat im Jahr beansprucht und mir wie eine jährliche Läuterung vorkommt, tagsüber nüchtern und streng, abends ausgelassen und kathartisch.

»Ja, klar, mehrmals im Jahr, aber bei uns fängt es schon am Abend vorher an und geht so sechsundzwanzig Stunden lang, weil der Tag beim ersten Moment des Sonnenuntergangs anfängt und beim letzten Moment des folgenden Untergangs wieder aufhört. Und wir feiern das ›An- und Ausfasten‹ nicht unbedingt, also nicht, wie ihr das macht. Wir fangen aber schon mit elf Jahren an ... bei euch auch?«

»Mit acht sogar. Aber immerhin nicht so lange am Stück wie bei euch.«

So läuft es oft in unseren Gesprächen, dieses Hin und Her zwischen *uns* und *euch*, ständig Vergleiche ziehen und Verwunderung ausdrücken, dass etwas so ähnlich sein kann, aber doch nicht gleich.

»*Asaalam Aleikum*, sagt ihr, und wir so: *Shalom Aleichem.*« Ich bringe ihnen die verschiedenen Sprüche zu Gott bei: *Gott Verbiete*, *Gott sei Gelobt*, *mit Gottes Hilfe*, alles auf Hebräisch, und sie mir die arabischen Versionen. M. hat neulich in seinem Laden eine junge Frau angeheuert, sie erklärt mir die feinen Unterschiede zwischen *Bismillah* und *Alhamdulillah* (Sprüche, die inzwischen zur deutschen Umgangssprache gehören, zumindest in Berlin), zwischen *Sach* und *Tamam*, sortiert sprachliche Graduierungen, die M. und Z., in ihrer Mischung aus Englisch, Deutsch und überbordender Belustigung, nicht schaffen, mir zu erläutern. Sie spricht so fließend und akzentfrei, ich kann kaum glauben, dass sie aus dem Ausland kommt.

»Doch, doch, sie kam zur selben Zeit an wie wir«, versichert mir Z..

»Ist sie denn religiös«, fragte ich ein Mal sotto voce, weil sie ein schwarzes Kopftuch eng um Kopf, Hals und Schultern gewickelt trägt. Ihr Gesicht ist freundlich und offen, es ist nicht die verschlossene Miene, die ich aus meiner Kindheit kenne, das unverwechselbare Gesicht, das ich in jeder religiösen Umgebung sofort ausmachen würde, das Fremde ihre Fremdheit wie einen plötzlichen Temperaturwechsel spüren lässt.

»Nein, ist sie nicht, also, sie ist genauso religiös wie ich«, antwortete Z. kichernd und zeigte auf ihre relativ freizügige, westlich anmutende Kleidung, das bunt karierte Hemd mit den offenen oberen Knöpfen, die locker sitzende Jeans. »Nur hat sie hier die Geschichten mitbekommen, wie Frauen mit Kopftuch behandelt werden, und sich entschieden, sich so zu kleiden aus Solidarität.« Z. warf ihre Arme hoch, als würde sie sagen wollen: leben und leben lassen.

»Das ist ja groß«, sagte ich. »Mehr, als ich tun würde. Stell dir mal vor, ich würde Perücke tragen, um mich für orthodoxe Frauen einzusetzen. Bei aller Sympathie mit Opfern von Diskriminierung – ich bin ja auch mit Perücke schlecht behandelt worden –, dazu bin ich echt nicht fähig.«

»Ich könnte es auch nicht. Aber das liegt wahrscheinlich daran, dass ich es früher tragen *musste*. Sie kommt aus einer entspannteren Familie, sie hat ja die Freiheit, ich glaube, es fühlt sich deshalb für sie ganz anders an, das Tuch anzuziehen.«

Trotzdem muss ich mich fragen, was es bringen soll, wenn alle, die sich mit Diskriminierten solidarisieren wollen, dies tun, indem sie ihre religiöse Kleidung tragen … Vermindert dieser Akt die Diskriminierung an sich? Oder führt es sogar zu einer Verschärfung davon? Jedenfalls ist es sicherlich mehr als ein Zeichen der Solidarität; es ist eine politische Aussage zum Kleidungsstück selbst, wenn auch unbeabsichtigt. Sollte ich plötzlich wieder Perücke und langen Rock tragen, wäre auch dies eine Aussage über den weiblichen Körper und wie er in der Gesellschaft verhandelt wird; ich wäre nicht frei, darüber zu entscheiden, ob ich damit nur ein kulturelles Signal sende oder eben auch ein soziopolitisches. Jedenfalls würde mein unaufrichtig getragenes Kostüm den Frauen, die sich aus Überzeugung oder Einschüchterung so kleiden, wenig zur Hilfe kommen. Aber vielleicht möchte diese Frau eigentlich etwas ganz anderes mit ihrem Kopftuch erreichen: vielleicht möchte sie einer Welt, in der sie sich nie vollständig zu Hause fühlen wird, ihre Unterschiedlichkeit stolz verkünden, und das Kopftuch ist das Naheliegendste, woran sie denken kann, und sie möchte die kulturelle Bedeutung von der religiösen dadurch trennen können, indem sie ihr Verhalten, das eindeutig irreligiös ist, mit dem Symbol zusammenbringt. Schade nur, dass kulturelle Kämpfe mit religiösen Symbolen ausgefochten werden, denn dabei werden größere politische Spiele übersehen: eine Frau, die Kopftuch oder Perücke trägt, aus welchem Grund auch immer, ist am Ende eine Nummer mehr in einer demographischen Zählung, die große Verschiebungen in den globalen gesellschaftlichen Verhältnissen verantwortet. Die Geschichte der Diskriminierung von Muslimen funktioniert ähnlich wie die der Juden, sie dient unweigerlich den narrativen Kräften politischer Umtriebe.

An dieser Stelle muss gesagt werden, dass ich mir selbstverständlich bewusst bin, was für ein Klischee es ist, zu behaupten, Juden und Araber wären eigentlich Cousinen, oder sogar Brüder; dass sie sich nur in ihrer Gleichheit, wie eifersüchtige Geschwister, so unendlich angingen; dass die alte Feindseligkeit zwischen den beiden semitischen Völkern eine Hassliebe sei, aus unerträglicher Nähe geboren – aber irgendwoher kommt dieses Klischee doch.

Die Geschichte, die man mir über das Verhältnis zwischen Juden und Muslimen in der Schule erzählte, war eine über Abrahams zwei Söhne: über seinen ersten Sohn Ismael, den seine Sklavin Hagar ihm gebar, und seinen angeblich legitimeren Sohn Isaac, den seine Ehefrau Sarah auf ihre ganz späten Jahre bekam. Die Geschichte ist nicht schön, denn sie berichtet von Eifersucht und Kleinlichkeit dieser zweiten Frau, die einerseits wegen ihres Status als erste Matriarchin des Judentums verehrt wird, andererseits so erbärmlich dargestellt wird als Mensch: denn sie ließ Hagar und Ismael aus dem Hause Abrahams und damit aus seinem Stamm für immer vertreiben, und so, erklärten sie es mir damals, fing die Feindschaft zwischen den Nachfahren von Ismael und den Nachfahren von Isaac an, mit einer klassischen Geschwisterrivalität, die übelst endete. Und obwohl meine Lehrerinnen es so darstellten, als wären Hagar und Ismael auf Grund ihrer Sklavenabstammung eh minderwertig und deshalb der Schirmherrschaft des Judentums unwürdig, verstand ich schon als Kind die bittere Ungerechtigkeit, die den beiden widerfahren war, und entschied mich sofort für Ismael als Unterlegenen, genauso wie ich mich immer für die Unterlegenen in allen Geschichten entschieden habe, aus persönlicher Sympathie.

Wenn es dabei bliebe, könnte man meine Sympathie als Fetischisierung verdächtigen: als klassisches Beispiel von Orientalismus, klar eingereiht in die vielen Ausdrucksweisen der westlichen Obsession mit dem Osten, vergleichbar mit weißen Menschen, die sich Dreadlocks aneignen oder ihre Winterurlaube in Ashrams verbringen und buddhistische Gebetsflaggen auf ihren Stadtbalkonen als Mitbringsel vorzeigen. Nicht gleich verachtenswert, aber irgendwie schon traurig in ihrer naiven Plattheit, denn so eine Sympathie ist primär narzisstisch und führt eigentlich kaum zu einem echten Verständnis oder gar zu einer Nähe zum Anderen.

Ich glaube, meine Sympathie ist mittlerweile etwas komplexer als diese intuitive Ablehnung, die ich damals in meiner Kindheit verspürte, denn die arabischen Menschen in meinem Freundeskreis sind in der Tat nicht »bloß« arabisch. Vielmehr sind sie Menschen, die aus einer Kultur stammen, die von sehr alten, versteiften Glaubenssätzen geprägt ist, und sie versuchen, trotz dieser Prägung ein freies, aufgeklärtes Leben zu führen. Was uns verbindet, ist nicht unsere semitische Herkunft an sich, sondern die allgemeine Erfahrung, aus solch altertümlichen Gesellschaften zu kommen und uns in der modernen Welt zurechtfinden zu müssen. Gewiss teile ich so eine Erfahrung eher mit Arabern als mit Christen, und Araber, die sich vom Islam gelöst haben, gibt es nun häufiger um mich herum als Juden, die sich vom Judentum lösen. Folglich fühle ich mich in meinem Ringen um ein humanistisches und authentisches Leben von Menschen wie M. besser verstanden als von denen, die so etwas für gegeben nehmen. Und wenn ich von Arabern umgeben bin, die nicht religiös sind, fühle ich mich sicherer, als wenn ich von Juden umgeben bin, die entweder dem Fundamentalismus unterliegen oder ihn gar nicht richtig begreifen.

Schon am Flughafen bin ich ja in Panik geraten, als ich die ersten schwarzen Mäntel sah, die ersten langen Bärte und Schläfenlocken. Ich möchte nicht von denen erkannt werden, nicht da, wo sie auf eigenem Territorium sind. Ich habe Angst, im Vorbeigehen mit Steinen beworfen zu werden, wie es immer wieder in den Zeitungen zu lesen ist, oder von aufgestachelten Horden verjagt zu werden, wie Videos im Netz zeigen. Denn nicht nur palästinensische Jugendliche bewaffnen sich hier mit Steinen und Stöcken; auch die Ultra-Orthodoxen neigen dazu, gegen Soldaten, Polizisten und Staatsbeamte, gegen alle, die am Schabbat durch ihr Viertel fahren, und vor allem gegen Frauen, die sich als »unsittsam« oder »ungebührlich« zeigen, gewalttätig anzugehen.

Konsequent meiden wir die Gegend am Schabbat, bestellen das Taxi direkt zum Hof unseres Hotels. Es ist wieder ein jüdischer Fahrer, aber diesmal wohl ein säkularer, der uns in seinem Spiegel neugierig beäugt. Meine Begleitung und ich reden miteinander auf Deutsch. Ich trage eine dunkle Sonnenbrille und habe meinen Kopf in einen hellen Seidenschal gewickelt, nicht der traditionellen Bräuche meiner Umgebung wegen, sondern um mich vor dem heftigen, heißen Wind zu schützen. Über Jerusalem wütet ein Sandsturm. Ramadan neigt sich dem Ende zu, und das Chaos auf den Straßen spiegelt sich im aufgeheizten Himmel wider. Der Fahrer hält uns wohl für europäische Touristen, die zwischen ihrer Ehrfurcht vor Israel und ihrer Sympathie für die Palästinenser zerrissen sind, ein Limbuszustand, von dem die israelische Politik letztlich profitiert. Mir ist es aber angenehm so, denn er stellt keine Fragen. Er will nicht wissen, warum ich »bei den Arabern« bin.

Er fährt uns zu einem großen Gelände, überall Parkplätze, soweit das Auge reicht. Dann zeigt er mit seinem Finger auf eine Sammlung gedrungener Gebäude am anderen Ende des Areals, die mit dem sandverwehten Horizont fast verschmelzen. »That's the museum«, sagt er und lässt die automatische Tür aufgehen. Meine App hat die Zahlung schon erledigt. Wir steigen aus, und schon hat der Wind meinen Schal übers Gesicht gezerrt, mein Kleid flattert wie wild um meine Beine, es erinnert mich an die Laubhüttenfeste von früher, wo die Planen aus Plastik um die provisorischen Stadtzelte in den Höfen des Williamsburgs meiner Kindheit im Herbstwind schlugen.

Das Israel-Museum in Jerusalem fällt wahrscheinlich vielen Erstbesuchenden als etwas ungewöhnlich auf. Auf mich macht es jedenfalls einen eigenartigen Eindruck. Es ist kein einheitliches Gebäude, sondern gleicht eher einer Siedlung, besteht es doch aus vielen kleinen Häusern, die durch ein labyrinthisches Netzwerk aus Höfen, Fluren und Passagen miteinander verbunden sind. Eine israelische Freundin wird mir später erklären, dass es nach dem Modell eines traditionellen arabischen Dorfs konzipiert wurde; es sollte den Besuchern dessen autochthone Wohnart nahebringen. Auch von innen ist das Museum schwer zu fassen, denn anders als andere Museen beschränkt es sich nicht auf eine Thematik wie etwa Kunst oder Anthropologie, vielmehr möchte das Museum alles, was mit Israel in Zusammenhang stehen könnte, mit einschließen. So gibt es selbstverständlich eine große Sammlung moderner wie klassischer Kunst, von gegenwärtigen israelischen wie auch von verstorbenen jüdischen Künstlern aus der Diaspora, aber auch Unmengen von archäologischen Artefakten und kulturellen Gegenständen. Und dann noch das Prachtstück: in einem der größeren Höfe haben private Spender ein riesiges Modell von Jerusalem zu den Zeiten des Tempels errichten lassen; man geht im Kreis um das Modell herum, um seine sterilen Straßenzüge von allen Winkeln aus zu besichtigen, und denkt unweigerlich an die wahnsinnigen Kosten, die so ein Projekt erfordert haben musste, nur um ein Modell einer Stadt zu bauen, das niemals ihre eigentliche Geschichte zu vermitteln mag, und es kommt einem, besonders im Vergleich zur modernen Version Jerusalems, merkwürdig geordnet und geräumig vor, ihrer Bedeutung, ihrer Anziehungskraft entleert. Was nutzt uns dieses Bild, was soll es uns nahebringen? Am meisten interessiert mich die Gegend, in der damals die Hausierer alle Arten von Zubehör an die Pilger verkauft haben müssen, da wo das ganze Geschäft um die religiöse Praxis herum bestand, weil es auch vor dem Kapitalismus schon den Kapitalismus gab, und mit Gott konnte man schon immer und überall gutes Geld verdienen.

Von dem Gelände, wo das Modell steht, gibt es normalerweise eine weite Sicht auf das Zentrum Jerusalems, heute ist es in diesigem Gelb verschleiert. Es kommen kräftige Windböen auf, die einem die Haare um den Kopf wirbeln und einen peitschenden Regen aus Sandkörnern mitbringen; ich flüchte nach innen und beschließe, meine Zeit hauptsächlich im archäologischen Flügel zu verbringen; eine vollständige Führung durch das Museum an einem einzigen Tag scheint mir ein aussichtsloses Unterfangen. Dennoch beginne ich meine Tour mit der unterbewussten Annahme, dass ich von Dingen erfahren werde, die mein ohnehin schon reichlich vorhandenes Wissen höchstens bestätigen bzw. ergänzen können. Mit den vielen Stunden jüdischer Geschichtslehre aus meiner Kindheit im Rücken fühle ich mich mehr als ausgestattet, um dieser Thematik zu begegnen.

Es ist auch nicht so, dass von einer großen Überrumpelung die Rede sein kann, viel eher von einer schleichenden Skepsis. Denn als ich die vielen aneinandergereihten Räume nacheinander betrete, fällt mir langsam auf, wie lange es eigentlich dauert, bis hier endlich das Judentum seinen Auftritt in der Chronologie hat. Phase nach Phase wird vorgeführt (darunter die Kanaaniter, das Mazedonische Reich Alexanders des Großen, die Römer, das Byzantinische Reich, das Arabische Kalifat, die Mamelucken, die Osmanen und schließlich die Briten, um nur die wichtigsten zu nennen); jede Zivilisation hat ihre Spuren hinterlassen, und diese sind sorgfältig und detailliert ausgestellt worden, um ein Gefühl für die jeweiligen Epochen zu erzeugen. Als ich dann endlich in den großen länglichen Saal gelange, in dem die jüdische Zeit Jerusalems präsentiert wird, muss ich erneut staunen, wie schnell diese Ära, trotz aller zeremoniellen Narrative, die die Ausstellung schmücken, vorbeizieht, und vor allem, wie gründlich die Stadt erneut von ganz anderen Zivilisationen geprägt wurde. Ein kleines Überbleibsel war es nur, das bekannterweise ausharren durfte: ein Stück westlicher Außenmauer vom Tempel. Ansonsten sind die Zeichen der israelitischen Anwesenheit genauso verwischt wie jene der zahlreichen vorhergehenden Besiedlungen.

Sicherlich habe ich all das schon gewusst? Warum scheint mir nun das historische Verhältnis zwischen Juden und Israel plötzlich so anders, als ich anscheinend immer vermutet hatte? Meine Vorstellung war vielleicht eher religiös als historisch geprägt, aber ich hatte mich doch jahrelang mit der Forschungslage zu den biblischen Texten kritisch auseinandergesetzt. War auch da, in der Forschung selbst, eine implizite Befangenheit vorhanden gewesen, eine, die ich auf Grund meines etwas zu großzügigen Vertrauens in alles Wissen, was von außerhalb meiner Gemeinde stammt, genauso übernommen hatte?

Als Kind hatte ich in der Schule Modelle von den verschiedenen Tempeln präzise nachgemalt: das erste, hastig aufgestellte und gut bewegliche Zelt namens *Mischkan* oder Tabernakel, das Gott während des »Exodus« der Juden bewohnte, dann den Tempel Salomons, ein echtes, standhaftes *Beit Hamikdasch,* wortwörtlich »Haus des Heiligtums«, dessen Hierarchien noch den jüdischen Königen unterworfen waren, und den zweiten Tempel, der unabhängiger gestaltet war und deshalb den verschiedensten Einflüssen anheimfiel; ich lernte, dass beide Tempel »zufälligerweise« an demselben Datum zerstört wurden, das Datum, das wir zu einem der wichtigsten Fastentage des Jahres machten, um beiden Tempeln gleichzeitig hinterhertrauern zu können. Ich hatte die Namen der verschiedenen Siedlungen des Landes auswendig gelernt sowie die der Herrscher und der Propheten, alles in chronologischer Reihenfolge, mit entsprechenden moralischen Einstufungen oder sogar Bewertungen. Nicht nur die Erzählungen des *Tanachs* (der gesamten *Tora*) haben meine frühen Jahre geprägt, auch die vielen Auslegungen der *Mischna* (Gesetzeskodex), die Argumentationen des *Talmuds* und die Kommentare der *Gemara* bereicherten meine kulturelle Umgebung. Zu Hause zitierte mein Großvater beliebig aus den Seiten seiner vielen hebräischen Bände, erzählte allwöchentlich vom fälligen *Tora*-Abschnitt. Wenn es eine Fantasiewelt in meiner Kindheit gegeben hatte, ein Pendant zu den Welten aus *Der Herr der Ringe* oder *Die Chroniken von Narnia*, dann müsste es das Land Israel in den Zeiten des Tempels gewesen sein. Warum war mir nie aufgefallen, dass dieses Land eine viel größere Geschichte besaß, im Schatten derer eine vorübergehende jüdische Besatzung erstaunlich klein und flüchtig erschien?

Ich erinnere mich an den Tag, als ich zum ersten Mal von einem Collegeprofessor in sein Büro bestellt wurde, und wie der Mann, ein offensichtlich säkularer Jude, der immer Birkenstocksandalen an seinen nackten Füßen trug und sich ausschließlich vegan ernährte, mich zu meinem Hintergrund befragte, und wie ich mich damals schämte, zugeben zu müssen, dass ich die übliche Grundlage für solch ein Studium, wie er es in seinem Kurs anbot, nicht vorweisen konnte. Er betrachtete mich damals erst einen Moment lang und ließ dann diesen schlichten Satz fallen: *Sie kennen das Alte Testament wohl besser als jeder andere in diesem Studiengang, und mit der Zeit werden Sie begreifen, dass dieses Dokument die eigentliche Grundlage des weltlichen Wissens bildet.*

Ich wollte ihn um eine Erklärung dieser Behauptung bitten, traute mich aber nicht. In der darauffolgenden Woche lasen wir ein Gedicht von Anne Carson, *The Book of Isaiah,* und als ich erstaunt bemerkte, wie viel ich davon verstand und wie reichhaltig ich zur Diskussion beitragen konnte, zwinkerte mir mein Professor zu, als wollte er mir damit bedeuten: *Habe ich es dir nicht gesagt?*

Aber erst heute verstehe ich seinen fast verschwörerischen Zuspruch wirklich. Die gesamte westliche Kultur ist auf die christliche Überzeugung gegründet, dass das Erlösungsversprechen, das im Alten Testament immer wieder verheißen wird, sich in ihrem Sinne zu entfalten hat. Von daher auch diese Voreingenommenheit, die nicht nur mich, eine Jüdin mit streng religiösem Hintergrund, sondern auch alle in der »Außenwelt« betrifft. In Deutschland beobachte ich allzu oft, wie Israelkritik mit einem immer wiederkehrenden Argument seitens deutscher Juden begegnet wird, das klassische *Whataboutism* von: *Und, beschäftigen Sie sich genauso mit Menschenrechtsverbrechen im Iran, mit Frauenfeindlichkeit in Saudi-Arabien, mit Repressalien in Russland? Woher diese Obsession ausgerechnet nur mit Israel?* Diese Obsession, wie sie richtig genannt wird, halten diese Klagenden für einen klaren Beweis des Antisemitismus ihrer Gegner, sie sehen darin einen Entlastungswunsch angesichts der jüngsten Geschichte. Aber sie ist prinzipiell ein Beweis einer Obsession, die uns allen zu eigen ist. Die Obsession mit Israel, oder genauer gesagt, mit dem universellen Versprechen Jerusalems, ist unser gemeinsames kulturelles Erbe.

Vielleicht bin ich von der chronologischen Aufstellung der Geschichte im Israel-Museum überrascht, weil ich ultra-orthodox erzogen wurde, aber vielleicht liegt es auch einfach daran, dass ich aus dem Westen komme; weil auch nach meinem Ausstieg niemals an meinem Bezug zu Israel gerüttelt wurde, weder während meiner akademischen Ausbildung noch während meiner auto-didaktischen.

Sie stört mich, diese Überraschung, sie nagt an mir wie eine schlecht verdaute Mahlzeit. Ich war so lange davor geflüchtet, vor dieser Auseinandersetzung mit dem Judentum, das meine Kindheit durchtränkt hat, das meine Sicht auf die Welt so sehr verfärbt hat, dass ich mich nie darauf habe verlassen können, ohne die größte

Achtsamkeit eine unverklärte Ansicht zu formulieren. Aber es geht nicht mehr. Mein Leben hat mich von einem ganz neuen und unerwarteten Winkel zu dieser Konfrontation zurückgeführt, und ich kann mich nicht länger vor der Aufgabe drücken, Dichtung von Wahrheit zu trennen.

Ich verlasse den archäologischen Flügel des Museums mit dem ersten wirklichen Verständnis für die Geschichte des Landes: sie ist also gar nicht so jüdisch, wie ich es trotz all meiner Neigung zum kritischen Denken verinnerlicht hatte. Dass Israel, beziehungsweise vielmehr die Stadt Jerusalem, vielen Religionen und Traditionen als Identitätsstütze diente, hatte ich auf abstrakte Weise sicherlich längst verstanden, aber wie sehr die Legitimität des alleinigen Anspruchs, wie er heute vom jüdischen Volk und den christlichen Vertretern unterschiedlicher Couleur erhoben wird, an den Tatsachen vorbeigeht, hatte ich bis zu diesem Tag nie so richtig in Erwägung ziehen müssen. Die geistige Emanzipation entpuppt sich immer mehr als Illusion: je mehr ich weiß, desto prekärer erscheint mir das angeeignete Wissen.

Wenngleich mir dieser alleinige Anspruch immer sehr fremd war: Ich bin in einer anti-zionistischen Sekte aufgewachsen; meine Gemeinde glaubte, wie es viele fromme Juden vor dem Krieg taten, dass man auf den Messias zu warten habe, bevor man das Gelobte Land wieder unter seine Herrschaft zöge. Jeder aufständische Akt im Sinne einer Emanzipation stellte eine weitere Verzögerung der Erlösung dar, wenn nicht sogar einen Grund für die Apokalypse, sollte Gott schließlich doch irgendwann die Geduld ausgehen. Anders als die früheren Zivilisationen, die das Land, das nun Israel heißt, bewohnten, schafften es die Juden, ihr Verhältnis zu diesem Land zu einer spirituellen Sache zu erhöhen: das Land wurde zum Traum, einem Traum, dem es zwar noch an Boden mangelte, der aber genauso als Heimat bewohnt werden konnte wie das Land selbst. Daran klammerten sich Juden in ihren vielen Jahren in fremden Gebieten, unter fremder Herrschaft. Auch ich sagte als Kind, am Ende des *Pessach*-Festmahls, auf Hebräisch: *La'shana haba-ah Yerushalayim*, wortwörtlich: »Nächstes Jahr in Jerusalem.« Dennoch wusste ich, dass diese Vorhersage sehr wahrscheinlich nicht in Erfüllung gehen würde, wie schon das Jahr zuvor und alle anderen Jahre zuvor. Denn wir reisten nie nach Jerusalem, weil der Messias noch nicht gekommen war.

Wie sähe der Messias aus, fragte ich mich als Kind, wie ein Adler, der mit seinen Flügeln die Verdienstvollen unter uns mit einem breiten Fegen einsammelte, um uns nach Israel zu befördern? Oder war der Adler, von dem sie sprachen, eher eine Metapher für Flugzeuge, und das Ganze eine Art gemeinsamer Auswanderung, der Ablauf ganz ordentlich und bürokratisch? Würde der Messias wie ein ganz normaler junger Mensch auftreten, voller Energie und Überzeugung, oder wie ein alter, weiser Rabbiner aussehen oder gar durch und durch außerirdisch wirken?

Mit so viel Unsicherheit kam es mir nachvollziehbar vor, wie viele falsche Messiasse es schon gegeben hatte, welche die Juden, die es sich in der Diaspora zu bequem machten, um sich um ihre Identität zu kümmern, nach Israel und damit zu ihren wahren Ursprüngen treiben wollten, wie man bei uns in der Schule lehrte. Diese Menschen beanspruchten, das jüdische Volk vom Joch des Exils und der damit einhergehenden Verfolgung zu befreien, aber sie dienten auch als identitätsstiftende Erinnerungsanstöße: denn da, wo das Leiden des Andersseins aufhörte, verbarg sich die Gefahr des Vergessens. Überhaupt ist die Erzählung von einem Messias eng mit der größeren Erzählung der Verfolgung verbunden: je mehr Leiden, desto größer der Mythos seines Erlösungsversprechens. Das Leiden hatte die Juden in der Diaspora schon immer zu Juden gemacht; sollte es verschwinden, blieb als Alternative nur die Erlösung selbst, um das Judentum weiter aufrechtzuerhalten. Es ist eine Entweder-oder-Dynamik, die bis heute anhält. Deshalb verbrachten wir den signifikantesten Anteil der Lehrstunden meiner Kindheit damit, die Geschichte des Leides aufzuzählen, sie en détail aufzufächern – heute erscheint mir das fast pervers –, um unsere Identität zu untermauern und zu befestigen, und dabei spielte der Holocaust nur die entscheidende Rolle in dem Sinne, dass er das jüngste Ereignis in einer langen Reihe darstellte. Wir beschäftigten uns mit den Gräueltaten von Chmelnyzkyjs Kosaken, die bei uns unter dem Sammelbegriff »Die Bösen Dekrete« bekannt waren, oder mit den Inquisitionen und den Disputationen, den Kreuzzügen, den Judenschlachten Frankfurts, den Zwangskonskriptionen der Zaristischen Armee, es gab unendlich viele solcher Geschichten im europäischen Raum, sodass wir uns eigentlich gar nicht damit auseinandersetzen mussten, was anderen Juden alles im nichteuropäischen Bereich widerfahren war. Es wurde alles schriftlich festgehalten, in einer liturgischen Textsammlung namens *Kinnot*, was so viel heißt wie »Klagelieder«, aus denen wir alljährlich zum Gedenken an die Zerstörung der Tempel vorlasen, und noch hat es der Holocaust in diese Sammlung nicht in einer angemessenen Ausführlichkeit hineingeschafft, von daher blieb er im Vergleich zu den übrigen Ereignissen im penibelst geführten Katalog fast ein Randthema, als Epilog hinzugetackert.

Über die Verfolgung wurde nicht geklagt, nicht im herkömmlichen Sinne. Sie wurde nur beurkundet, um Gott zu zeigen, was sein Volk schon alles seinetwillen durchgestanden hatte, als würden wir Leid auf ein Sparkonto einzahlen, um uns endlich die Erlösung leisten zu können. Denn diese Verfolgung wurde von uns frommen Juden als gerechte Strafe gesehen für die Sünden, die zu der Zerstörung des zweiten Tempels und der darauffolgenden Vertreibung geführt hatten. *Sinas Chinam* nennt man diese Sünde, was so viel wie »sinnloser Hass« bedeutet. Eine sehr ernsthafte Sünde, denn obwohl die Zerstörung des ersten Tempels als Folge von Götzendienst, Unmoral und Blutvergießen erlassen worden war, wurde er immerhin nach siebzig Jahren wieder aufgebaut, während auf den Aufbau des dritten Tempels immer noch gewartet wird. Jede Verfolgungserfahrung, die nach dieser Zerstörung des Tempels folgt, die als Grundlage für die jüdische Geschichte in der Diaspora dient, wird als Teil ebendieser Zerstörung gesehen. Sie ist eine Erweiterung dieser einen nahezu unendlichen Strafe, so ausufernd wie die Sünde, die sie hat bestrafen sollen: dieser grundlose, wuchernde Hass, der sich damals unter den Menschen breitgemacht hat, die sich eigentlich als Brüder hätten verstehen sollen, er soll also viel schlimmer als die Todsünden sein. Die Ironie entgeht mir nicht. Denn nirgendwo auf der Welt, wo ich bisher gewesen bin, ist der menschliche Hass körperlich so sehr zu spüren wie in der Stadt Jerusalem. Es ist etwas in der Luft, man atmet es, man riecht es. Wenn man es nicht gewöhnt ist, fühlt man sich schon nach einigen Stunden bedrückt und gereizt zugleich. In dieser Stadt wohnen viele Menschen mit sehr unterschiedlichen Überzeugungen, die die Glaubensrichtungen (oder einen Mangel davon) ihrer Nachbarn als direkte Beleidigung, wenn nicht sogar Bedrohung, wahrnehmen, und diese ständige Habachtstellung führt zu einer unvergleichbaren Alltagsspannung, die jede Interaktion durchdringt. Und ich rede hier nicht von dem Hass zwischen Juden und Palästinensern. Ich meine den Hass, der Juden von Juden trennt, genauso wie Araber von Arabern. Man könnte sich fragen, ob Jerusalem in all seiner mythischen Macht, die Herzen der Menschen zu entzünden, hier sowohl im Guten wie im Schlechten wirkt. Es ist, als zünde diese Stadt alle Emotionen an, ließe sie hochkochen bis zum kaum noch kontrollierbaren Brand. Vielleicht kamen alle jahrtausendelang mit denselben naiven Absichten und wurden alle von der Stadt verbrannt, wie Reisig vom Feuer. Und heute liegt ihre Asche in tiefen Schichten unter dem Boden, man gräbt nach ihren Spuren, während überall neue hinterlassen werden.

Ich fühle mich in Jerusalem nicht wohl. Ich fühlte mich schon bei meinem ersten Besuch 2015 unwohl, und ich fühlte mich beim letzten, zum Jahreswechsel 2019/2020, nicht wohler. Und nun muss ich 2022 erneut feststellen, wie sehr es mich immer noch destabilisiert, hier zu sein, wie unruhig mein Schlaf, wie nervös mein Magen wird. Der Hass scheint in meine Poren einzudringen und sich in meinem Körper breit zu machen, er manifestiert sich als ein Ekel, den ich wie die Galle des Sodbrennens in meinem Rachen spüren kann. *Warum bin ich hier?* Ich kann anscheinend nicht lange fern bleiben. Nie in meinem Leben hätte ich gedacht, ich würde so oft nach Israel reisen. Ich hatte da wahrlich nie etwas zu suchen. Ich habe keine Familie, kaum Freunde oder Bekannte, die ich nicht anderswo treffen könnte. Ich habe keine Lust auf das Partyleben oder die Miami-ähnliche Strandkultur von Tel Aviv. Ich hege keine spirituellen Projektionen oder politischen Interessen. Wäre ich nicht Ende 2014 nach Berlin gezogen, wäre ich vielleicht nie hierhergekommen.

Ja, Berlin war es, das neue Leben in Deutschland war es, der Grund, warum plötzlich all diese Fragen in mir aufzogen. Ich hatte mich vom Thema jüdischer Identität in der Gegenwart weitgehend verabschiedet, ich wollte nur Mensch unter Menschen sein, Berliner unter Berlinern. Wie weit ist mir das überhaupt gelungen? Wie habe ich es auszuwerten, dass dieses Deutschwerden, worum ich mich so fleißig bemüht habe, mich zu meinem Judentum wieder zurückschob wie zu einer unerfüllten Pflicht, die kein Vertagen mehr duldet?

Wobei ich mich gleichzeitig fragen muss, inwieweit dieser Zwang außerhalb meiner Gerichtsbarkeit liegt. Denn zugegebenermaßen habe ich meine Verbindungen zu Deutschland genauso übers Judentum gefunden. Dass dieser Prozess mich zum Judentum wieder zurückzwingt, ist also, ja, zwingend. Ich befinde mich in einem Schachmatt: Deutschsein geht für mich nur mit dem Jüdischsein, praktisch wie abstrakt, und den Preis, den ich dafür bezahle, ist die Auseinandersetzung mit etwas, das das Amerikanischsein nie von mir gefordert hätte.

Es war ein Besuch aus Übersee, der mich endlich aus der trägen Oberflächlichkeit meines amerikanischen Lebens riss. Im Juli 2014 konnte ich nicht ahnen, dass sich in weniger als einem halben Jahr mein schwer erarbeitetes, freies, weitgehend unjüdisches Leben vollständig auflösen würde, um in Berlin wieder einmal von vorne zu beginnen. Noch verbrachte ich die sonnendurchtränkten Tage am See in meinem kleinen ländlichen Dorf in Neu-England, obwohl ich schon seit mindestens einem Jahr eine fortwährende Rastlosigkeit gespürt hatte. Unentwegt kehrten meine Gedanken zum vorherigen Sommer zurück, als ich eine große Europa-Reise unternommen hatte, um die Odyssee meiner Großmutter bis zu ihrer Auswanderung nach Amerika im Jahr 1949 zu verfolgen. Ich konnte nicht glauben, dass sich nach solch einer lebensverändernden Erfahrung mein Leben in der Tat gar nicht ändern würde. Stattdessen schien alles so weiterzugehen wie bisher. Es war, als hätte mich jemand auf meinen Schicksalsweg gebracht, nur um mich sofort wieder davon abzuleiten, bevor ich überhaupt hätte erkennen können, wohin dieser Weg mich möglicherweise führen würde. Und wenngleich um mich herum die Feierlichkeiten rund um die Sommerferien in voller Blüte waren, fühlte ich mich seltsam abgekoppelt davon. Was mir vorher wie eine vielversprechende Idylle erschienen war, kam mir nun falsch und misstönend vor.

Dennoch, als K. mir seine Nachricht schrieb, war mein erster Instinkt, sie unbeantwortet zu lassen. Es klang größtenteils nach den vielen Botschaften, die ich seit der Veröffentlichung meines Memoirs *Unorthodox* zwei Jahre zuvor täglich erhalten hatte: *Ich bin wie du religiös aufgewachsen, lass uns treffen!* Nach einer langen Reihe solcher Begegnungen schienen mir alle diese Geschichten auf beklemmende Weise gleich. Es fühlte sich an, als gäbe es da eine weltweite Gemeinschaft, innerhalb derer ich plötzlich zu einer Art Autorität geworden war, wobei die akute Desorientierung und überwältigende Unsicherheit, die ihre Mitglieder als Identitätsbeweis vorführten, nur meinen eigenen Mangel an Fortschritt in diesen Aspekten betonte.

Dann warf ich doch wieder aus halbherziger Neugier einen Blick in meine Nachrichten und erfuhr, dass K. nicht nur religiös aufgewachsen war, sondern auch noch in derselben Sekte wie ich, und zwar in dem berühmten Viertel *Mea Shearim* in Jerusalem, wo die Gemeinschaft der Satmarer dafür bekannt ist, viel strengere Vorschriften zu befolgen als ihre Filialen in Europa und Amerika. Und obendrein lebte und studierte er ausgerechnet in Deutschland! Ich hatte auf meiner großen Europareise auch in Deutschland Halt gemacht, und zwar zunächst in Bayern, wo ich mich auf die Suche nach den ersten Spuren meines Urgroßvaters mütterlicherseits begab, um dann später, ganz am Ende meines Aufenthalts, für ein paar aufwühlende Tage »Holocaust-Tourismus« zu betreiben, wie es die Israelis in meinem Hotel im Berliner Scheunenviertel halb sarkastisch nannten, bevor mein Rückflug aus Tegel mich zurück in die Staaten brachte.

K. erklärte, dass er Geförderter eines besonderen Stipendiums war und im Rahmen einer PR-Bemühung, die als Belohnungstour für leistungsstarke Studierende vermarktet wurde, mit einer Gruppe ähnlich protegierter junger Männer und Frauen nach New York City reisen sollte. Ob er mich besuchen könne? Ich zögerte, dann öffnete ich die Chatbox.

Ich lebe eigentlich gar nicht mehr in NYC, schrieb ich zurück, *aber kommende Woche lese ich dort aus meinem neuesten Buch, da werde ich in der Wohnung einer Freundin übernachten.* Ich gab ihm die Kalenderdaten. *Überschneiden sie sich mit deinen*?

Ich bin dabei, reagierte er sofort, *sag mir nur die Adresse!*

K. erschien pünktlich, mit viel Begeisterung zum Austausch. Nach der Lesung, beim festlichen Umtrunk im benachbarten *Freemans Restaurant* im ehemaligen jüdischen Viertel der Lower East Side, erzählte er mir so viel wie möglich aus seinem Leben. Seine Sätze sprudelten nur so aus ihm heraus. Er war in einem viel jüngeren Alter gegangen als ich und hatte nicht nur den Weg aus *Mea Shearim* gesucht, sondern aus dem Land Israel selbst, um die Distanz zu erreichen, die er für nötig hielt, um sich körperlich und seelisch sicher zu fühlen. Ich sympathisierte mit seiner Notlage; das Verlassen einer chassidischen Gemeinschaft in Amerika ermöglicht es einem zumindest, im kulturellen Schmelztiegel verschwinden zu können, während Israel keine solche Zuflucht bietet.

»Aber warum Deutschland?« Ich staunte aufrichtig. »Aus allen Möglichkeiten, warum ausgerechnet diese?«

Aus heutiger Sicht kommt mir dieses Staunen naiv vor; mittlerweile lebe ich seit fast einem Jahrzehnt in Berlin und kenne unzählige Juden von überall in der Welt, die Deutschland zu ihrer Heimat gemacht haben. Aber damals, aus Sicht einer Enkelin von Holocaust-Überlebenden, die ihr Leben in Amerika möglichst frei von deutschen Markenzeichen gestaltet hatten, war es doch, trotz meines Ausstiegs aus der religiösen Gemeinde und dem Kappen aller damit einhergehenden Verbindungen, schwer nachvollziehbar, dass jemand wie ich ausgerechnet in Deutschland einen Neustart versuchen würde. Denn obwohl die assimilierten amerikanischen Juden, denen ich nach meinem Ausstieg begegnet war, nicht viel von der Religion an sich hielten, so bekannten sie sich doch leidenschaftlich zu den Lehren des Holocausts, deren Kern sie offensichtlich so verstanden hatten, dass er einen vollständigen Boykott des Landes der Täter, samt seiner Menschen und Produkte, zu bedeuten hatte. Allein für meinen einzigen Besuch in Deutschland hatte ich bei meinen Lesungen in den USA schon viele solcher reflexartigen Entrüstungsstürme geerntet.

Es sei ehrlicherweise der einzige ausländische Pass gewesen, den er ohne Bedingungen habe bekommen können, erwiderte er. Er hatte nicht unbedingt vorgehabt, in Deutschland zu bleiben, sondern eher daran gedacht, das Land als Ausgangspunkt für die weitere Reise zu nutzen. Aber dann sei ihm dieses Stipendium angeboten worden, erzählte K. weiter, nur weil er Jude sei! Er begriff, dass das wertvolle Gut der europäischen Staatsbürgerschaft nicht die einzige Sache war, die ihm die deutsche Schuld anbieten könnte; auch den Weg zur quasibürgerlichen Stabilität könnte diese ihm ebnen. Einem geschenkten Gaul schaut man nicht ins Maul, lautete die Quintessenz seiner Bilanz.

Also hatte er ein Studium an einer renommierten deutschen Schule für Schauspiel begonnen. Er habe sogar bereits einige Gastrollen in einem namhaften Haus verkörpert, es sei übrigens Hitlers beliebtestes Theater gewesen, fügte er mit einem verschmitzten Lächeln hinzu. *Ich wäre anfangs allerdings fast nicht durchgekommen*, meinte er weiter; der Prüfungsausschuss zeigte sich offenbar skeptisch, ob er sein stark akzentuiertes Jiddisch in ein perfektes Deutsch würde umwandeln können. Und doch waren sie beeindruckt gewesen, dass er die deutschen Texte, die er auswendig gelernt hatte, fehlerfrei vortragen konnte. Er schaffte es also nur ganz knapp, sei aber jetzt einer der vielversprechendsten Schüler, versicherte er mir stolz. *Eines Tages werde ich nach L. A. ziehen,* sagte er, Deutschland sei nur ein Zwischenstopp auf einer Reise weiter in den Westen. Er war begeistert, endlich in New York zu sein. *Es ist nicht so, dass ich in Deutschland per se glücklich bin*, meinte er, aber im Moment sei es der richtige Ort für ihn, ein Sprungbrett in ein neues Leben, wovon er gerade erst gelernt hatte zu träumen.

Ich fragte: »Deine Reisebegleiter und -begleiterinnen, sind das auch alle Juden, die mit diesem speziellen Stipendium in Deutschland studieren?«

»Sie sind nicht alle jüdisch«, korrigierte er mich. Als Deutscher könne man das Stipendium bekommen, wenn man sich beispielsweise entschließe, sich jüdischen Themen zu widmen. Oder wenn man wenigstens einen jüdischen Vater oder Großvater habe. Die Kriterien seien nicht so streng. »Aber wir haben auch deutsche Juden in der Gruppe«, meinte er und bezog sich damit auf die *halachischen* Bedingungen der jüdischen Identität, die erst später im westlichen Raum eine rechtliche Allgemeingültigkeit erreichten, »überhaupt, die ganze Gruppe würde dich liebend gerne kennenlernen!«

Und so kam es kurz darauf zu einem Treffen in einem koscheren Restaurant in Manhattan. Meine Bücher waren zwar noch nicht ins Deutsche übersetzt worden, aber irgendwie kannten die Stipendiaten und Stipendiatinnen sie trotzdem, und so stand unser gemeinsames Essen nun auf dem offiziellen Programm ihrer Reise, und die Gruppenleiter waren auch dabei: zwei charismatische Männer, die sich Jo Frank und Jona Simon nannten, die eher wie Betreuer eines Sommerferienlagers auf Ausflug wirkten, als wie rabbinische Verwalter eines Stipendienprogramms für begabte jüdische Gelehrte. Die Stimmung war heiter; die Studierenden fanden es offensichtlich sehr aufregend, sich in New York zu befinden. Sie erzählten freudig von ihren touristischen Erfahrungen. Als wir uns wie üblich reihum vorstellten, dämmerte es mir langsam, dass diese jüdische Gruppe anders war als alle anderen, denen ich zuvor begegnet war. Ich war zu dieser Zeit, wie schon erwähnt, eher dazu geneigt, mich als »allergisch« auf alles Jüdische zu beschreiben. Ich hatte festgestellt, dass ich wirklich alles ertragen konnte, solange ich nicht die bekannte Klaustrophobie verspürte, die der Zustand, von ethnisch und kulturell mit mir identischen Menschen umgeben zu sein, sofort hervorrief.

Nicht dass mir die ganze Bandbreite jüdischer Existenz noch nicht bewusst gewesen wäre: Auf meinen Reisen hatte ich bereits einiges über die jüdische Vielfalt erfahren; ich hatte das Nebeneinanderleben verschiedener jüdischer Gemeinden in Paris zwei Jahre zuvor bei meinem damaligen Besuch dort beobachtet, und es hatte bei mir eine umfassende Neugierde auf die Erforschung der Diversität jüdischer Identitäten ausgelöst. Aber diese Gruppe im Restaurant kam mir trotz all dieser Erkenntnisgewinne durchaus unüblich vor, denn es ging hier nicht darum, die Vielfalt von Gemeinschaften zu erleben, die für sich genommen weiterhin als homogene und streng ritualisierte Einzelwelten existierten, sondern vielmehr um ein Zusammenkommen von Individuen mit singulären, unterschiedlich komplexen Verhältnissen zum Judentum. Und obwohl das Judentum an sich unbestreitbar divers ist, sind es individuelle jüdische Gemeinschaften meiner Erfahrung nach nie. Es war diese Zusammenkunft der Unterschiede, die mich so überraschte. Ganz zu schweigen von der außergewöhnlichen Menge an Konvertiten in der Gruppe. Ich war noch nie so vielen jüdischen Konvertiten auf einem Mal begegnet. Überhaupt war ich wenigen Konvertiten begegnet. Und hier stellte sich eine katholisch erzogene Italienerin aus Rom vor, die seit ihrer Heirat mit einem israelischen Rabbinerstudenten ihre Haare nun mit einem bunten Kopftuch bedeckte; ihre Bekehrung musste also eindeutig eine orthodoxe gewesen sein. Die Bekehrungsgeschichten anderer waren verschwommener, und weitere Studierende schienen unklar über ihren Status zu sein, aber weil Bekehrungen im Judentum eigentlich als relativ selten gelten, war es erstaunlich zu erleben, wie viele solcher Geschichten hier versammelt waren. War das Zufall oder Programm? Ich war fasziniert.

Und dann waren da auch noch die Studierenden, die gar nicht jüdisch aufgewachsen waren und wenig über das eigentliche Judentum zu wissen schienen, aber in ihrem Stammbaum irgendwann einen jüdischen Großelternteil entdeckt hatten und sich danach entschlossen, sich diesem Teil ihrer Identität gänzlich zu widmen. Diejenigen von ihnen, die das Erbe väterlicherseits bezogen, überlegten nun, welcher Konversion sie sich unterziehen sollten, denn nur sehr liberale Gemeinden erkennen die väterliche Abstammung heutzutage als legitim an, obwohl das Judentum viele tausende Jahre länger patrilineal war als matrilineal. Einige bereiteten sich schon eifrig auf ihren Übertritt vor, übten Segenssprüche und Verhaltensregeln, suchten dabei mit schüchternen Blicken meine Anerkennung. So fasziniert ich von ihnen war, schienen sie auch umgekehrt von mir zu sein, oder genauer gesagt, von meiner besonderen Form des erlebten Judentums, die ihnen fremd und rätselhaft vorkam, und vielleicht gerade deshalb auch einschüchternd. Letztlich gab es auch Studierende, die von keinerlei jüdischer Herkunft sprechen konnten, sich aber dennoch mir gegenüber enthusiastisch zu ihrer Leidenschaft für das Judentum bekannten. Das Stipendium bezogen sie, weil sie sich eines Studiums der jüdischen Theologie, Geschichte, Literatur oder ähnlich damit verbundenen Themen verschrieben hatten. Im Resultat bildete diese Gruppe ein sehr europäisches Kollektiv, und wenn auch ein jüdisches, dann auf eine Weise, die mir sehr modern vorkam und mich trotz meiner bis dahin vorherrschenden Abneigung fast zu verzaubern drohte. Denn es war ein Judentum, wie ich es mir nie hatte vorstellen können: inklusiv, dynamisch und frei.

Ich verstand mich mit einigen der Gruppenmitglieder besonders gut, vor allem mit einem jungen Paar, beide deutsch-jüdisch, die mir von schwierigen Kindheiten in deutschen Kleinstädten erzählten, wo Diskretion ihre primäre Art der öffentlichen Präsentation gewesen war. Ich hatte bereits Yascha Mounks Autobiographie *Echt, du bist Jude? – Fremd im eigenen Land* gelesen und wusste etwas über die Probleme, als Jude in Deutschland aufzuwachsen, aber Naomi, deren Familie nach dem Krieg aus Brasilien zurückgekehrt war, erzählte davon, wie sie von ihrem Klassenlehrer während eines Unterrichts »geoutet« worden war und wie ihr soziales Leben ab diesem Zeitpunkt den Bach hinunterging, und ich konnte leicht nachvollziehen, wie so ein Erlebnis einen lebenslang zu verfolgen vermochte.

Naomi und Max waren beide froh, ihre Kindheit hinter sich gelassen zu haben und in der großen, multikulturellen Stadt Berlin leben zu können, aber besonders begeistert waren sie darüber, Mitglieder einer gerade erst gegründeten, aber rasch erblühenden jüdischen Gemeinde zu sein, meinte Max. Das Stipendienprogramm selbst sei erst knapp fünf Jahre alt, erklärte er mir. »Das ist alles neu«, sagte er, während er mit weit ausholender Geste auf die Tischrunde zeigte, wo alle in lebhafte Gespräche verwickelt waren. »Wir sind so etwas wie die erste Nachkriegsgeneration liberaler deutscher Juden. Wir repräsentieren eine neue Art, das Jüdischsein in der Welt zu verorten.«

»Wenn das die neue Art ist, jüdisch zu sein«, wagte ich vorsichtig optimistisch, »dann ist es vielleicht doch noch möglich, dass jemand wie ich eine Gemeinde findet. Wobei ich ehrlich gesagt nie geglaubt hätte, dass ich so etwas eines Tages würde sagen können.«

Er grinste. »Du solltest uns dringend in Berlin besuchen. Wir würden dich gerne herumführen und allen vorstellen. Es wäre mir eine Ehre, dich in unserem Zuhause zu empfangen.«

Ich versprach, auf dieses Angebot auf jeden Fall zurückzukommen, sobald sich die Gelegenheit dazu ergab, und sie kam alsbald, viel früher, als ich erwartet hätte. Ich hatte einen Arbeitsauftrag im Ausland, der mich auch nach Berlin brachte. Und so fand ich mich nur wenige Wochen nach dieser Begegnung in einer Wohnung in der berühmten Rigaer Straße wieder, damals schon einer der angesagtesten Kieze Friedrichshains.

Bevor ich mich auf die Gastfreundschaft meiner neuen Bekannten stürzte, beschloss ich den gesamten Kreis zuerst zum Abendessen zu mir einzuladen. Für die Koscheren unter uns müsste es vegetarisch sein, also kaufte ich im Bioladen nebenan großzügig ein und hievte schwere Tüten voller Gemüse und Hülsenfrüchte die Treppen zur dritten Etage hoch. Aber vor dem Kochen wollte ich noch schnell in den Westen der Stadt; ein Mann namens Hartmut B. hatte mich kontaktiert, um mich zu einem privaten Mittagessen einzuladen; er stellte sich als eine Art Direktor oder Generalautorität in Bezug auf die Stipendiaten vor, und da er von meinem Plan gehört hatte, bat er mich vorher noch zu ihm ins *Wiener Beisl* in die Fasanenstraße, wo es seiner Meinung nach das beste Schnitzel der Stadt gab. Es klang fast so, als sollte ich interviewt werden, um danach die Erlaubnis erteilt zu bekommen, »seine Kinder« bei mir versammeln zu dürfen. Das hatte ich echt nicht erwartet, und ich war dementsprechend nervös, während ich in der vollen S-Bahn durch die halbe Stadt fuhr, weil ich nicht wusste, was auf mich zukam und ich mich obendrein im Westen damals leider nicht auskannte. Ich staunte tatsächlich über die Unterschiede der ruhigen, gepflegten Straßen rund um den

Kurfürstendamm im Vergleich zu dem Getöse in der Karl-Marx-Allee.

Draußen wartete Herr B. schon als Einziger unter der Markise an einem eingedeckten Tisch, und er schien, jedenfalls für einen Mann seines Status, überraschend beseelt, mich zu treffen. Er erzählte wenig über sich selbst, also nichts darüber, ob er jüdisch sei und zwar von welcher Seite oder auf Grund welcher Konversion, obwohl ich immer wieder versuchte festzustellen, was sein eigentlicher Hintergrund war, er aber wich jedes Mal gekonnt aus, prahlte dafür umso stolzer und schwärmerischer mit dem erneuten Aufblühen des liberalen Judentums in Berlin, das er als ein Phänomen beschrieb, für das er sich persönlich verantwortlich fühlte, wie er mir versicherte. Darüber hinaus, so teilte er mir mit, weise dieses neue Judentum eine einzigartige Offenheit auf, die bereits viele »wie Sie« angezogen habe.

Ich fragte, ob er damit K. meine, denn ich ging an diesem Punkt davon aus, dass er sich über die Zusammenkunft in New York ausführlich hatte berichten lassen, aber er sagte, nicht nur K., sondern viele ehemals Ultra-Orthodoxe fühlten sich stark angezogen, um sich hier neu erfinden zu können. Denn hier sei das Judentum kein starres Konstrukt, das von einem insularen Establishment definiert würde, sondern ein Akt des *Tikun Olam*, ein beständiger kollektiver Reparatureinsatz im kabbalistischen Sinne. Da ich den Begriff aus meiner Kindheit gut kannte, aber auch wusste, dass er zum Gründungskonzept des Reformjudentums gemacht worden war, fragte ich ihn, wie es sein konnte, dass ich noch nie von einer solchen Exklave ehemaliger Chassiden gehört hatte, die in Berlin Reformrabbiner werden wollten?

»Nicht Reform«, korrigierte mich Hartmut umgehend mit strengem Gesichtsausdruck. »Liberal. Wir sprechen hier von zwei unterschiedlichen Dingen. Kennen Sie sich in der Geschichte der deutschen Juden aus? Ich kann Ihnen ein paar Bücher schicken. Es ist etwas ganz anderes als in euren Gemeinden in Amerika. Es ist ein viel reicheres Erbe.«

Gemeinsam mit seinem Mann, so Herr B. weiter, habe er das erste und einzige Rabbinerkolleg auf dem europäischen Festland gegründet. Es sei der Universität Potsdam angegliedert, und nicht wenige der Studenten hätten einen streng orthodoxen Hintergrund, versicherte er mir. »Sie wollen das Judentum nicht komplett aufgeben«, sagte er, und an dieser Stelle schien sogar etwas Missbilligung in seinem Blick zu liegen, »sie mussten nur den richtigen Ansatz finden.«

Impliziert war wohl, dass auch ich nur den richtigen Ansatz zu finden hatte, bevor ich meinen Weg zurück zum Judentum, wie von allen erwartet, finden würde. Sofort stieg Missmut in mir hoch. Ich erklärte, ich müsse mich langsam auf den Weg machen, um für den Abend alles vorzubereiten. Immerhin hatte er nicht versucht, mir den Plan auszureden oder zu verbieten. Warum auch immer er dies hätte tun sollen.

»Ich werde noch ein paar Leuten Bescheid geben, die ich für wichtige Kontakte für Sie halte, was heute Abend betrifft«, sagte er gebieterisch, als er aufstand, um zu gehen, und mich für die anscheinend obligatorischen Wangenküsse mit festem Griff an meinen Schultern zu sich zog. »Ich denke, Sie werden angenehm überrascht sein. Vielleicht können wir Sie sogar überzeugen, zu uns zu kommen.« Rechts, dann links. Sein Atem war mir sehr nah, immer noch hatte er seine Hände auf meinen Schultern, und obwohl ich wusste, dass er mit einem Mann verheiratet war, hatte ich plötzlich eine unangenehme Erinnerung an meine Kindheit, als meine Familie mich zu verschiedenen Rabbinern geschickt hatte, um meine scheinbar kaputte Seele heilen zu lassen, und wie ich schon damals instinktiv gewusst hatte, als diese Rabbiner sich unweigerlich übergriffig und dominierend verhielten, dass sie es mit meiner Seele gar nicht gut meinten. Ich lachte unbeholfen und entfernte mich so schnell wie möglich; auf dem ganzen Weg zurück nach Friedrichshain dachte ich dann darüber nach, wie attraktiv Religion für einen gewissen Typus Mensch sein müsste, denn es bot ein biegsames Regelsystem an, das sich jeglichen Trieben und Fantasien anpassen ließ, und egal in welcher Form die Religion mir begegnete, meinte ich bei ihren Autoritäten immer den gleichen Ansatz zu beobachten: eine unstillbare Begierde, die Seelen anderer Menschen in Besitz zu nehmen, den Einfluss auf sie als Legitimation ihrer hierarchischen Überlegenheit zu genießen.

Das Abendessen war ein Erfolg. Obwohl ich die Nudelsoße in der fremden Küche mit dem mir neuen und rätselhaften Induktionsherd verbrannt hatte, gab es genug Salat und Obst und Käse, um eine Atmosphäre der fröhlichen Sättigung zu erzeugen. Ich bewegte mich von Gruppe zu Gruppe, mit einem Glas Rotwein in der Hand. Nach einer Weile klingelte es, und ich schob mich Richtung Tür, um den verspäteten Gast zu begrüßen. Es war ein unbekanntes Gesicht im Treppenhaus, dafür aber waren die Hände des Neuankömmlings voller Geschenke.

»Ich fürchte, fast das ganze Essen ist weg«, sagte ich. »Hallo, ich bin Deborah.«

»Levi Rosenthal«, antwortete er, »freut mich. Und danke für die Einladung!«

»Ich glaube, dafür ist wohl der Herr B. verantwortlich, nicht wahr?«

Er lachte verlegen.

»Du bist also auch fromm aufgewachsen?«

Ich suchte ihn nach verräterischen Anzeichen ab, aber er war stilvoll gekleidet und zeigte keine gehemmte Körpersprache.

»Es ist lange her, aber ja.«

»Oh, Entschuldigung«, sagte ich. Wir standen immer noch im Treppenhaus. Ich trat zurück, öffnete die Tür weiter in den hell beleuchteten Flur hinein, »Komm rein, bitte!«

Ich schenkte Levi ein Glas Wein an der Küchentheke ein und hörte ihm dabei zu, wie er mir seine Lebensgeschichte erzählte. Ich hatte schon so viele Geschichten in den letzten Stunden gehört, und dennoch holte er mich schnell ab. Er stammte aus einer typisch chassidischen Großfamilie aus einer der frommsten Städte Israels, hatte eine arrangierte Ehe hinter sich, aus der ein Kind hervorgegangen war, ja alles genau so wie bei mir; auch er hatte seinen Weg in die Außenwelt über Bildung und Kunst gefunden und war darin mittlerweile sehr erfolgreich. Aus dem Bouquet seiner Mitbringsel zog er einen Katalog seiner Werke hervor, der kürzlich von einem deutschen Museum herausgegeben worden war. Die Arbeiten waren geprägt von religiösen Objekten und viel Symbolik, aber dennoch sehr modern und apart.

»Wieso habe ich noch nie von dir gehört?«, fragte ich. »Ein Ex-Chassid, der solch einen Erfolg hat, das ist schon selten genug, wir hätten uns schon längst begegnen müssen.«

»Aber doch nicht da, wo du herkommst«, antwortete er. »In Amerika ist das Thema ›Juden in Deutschland‹ grundsätzlich irrelevant. Es ist, als würden wir gar nicht existieren. Welch Ironie. Denn das ist womöglich der Grund, warum wir alle hierherkommen, um zu verschwinden, ja, um gänzlich vom Radar zu fallen.« Seine Augen funkelten verschmitzt. Ich war mit ihm innerhalb weniger Minuten richtig warm geworden, merkte ich.

»Also hast du deinen deutschen Pass genauso bekommen wie K.?« Ich wollte es genau verstehen. »Auf Grund deiner deutsch-jüdischen Vorfahren?«

»Genau. Das solltest du auch, wenn es geht. Man weiß ja nie, wann ein europäischer Pass von Nutzen sein könnte …«

»Ich dachte, der amerikanische ist der wertvollste von allen.«

»Nicht mehr überall … und überhaupt, wer weiß, wie lange das so bleibt. Man weiß nie, wann und wie die Verhältnisse sich ändern, wie damals. Warum nicht beide Pässe haben? Du kannst es sogar bei dir direkt vor Ort in New York machen. Aber hier ist es natürlich einfacher. Warum ziehst du nicht einfach nach Berlin?«

Seine Augen verrieten nicht, ob das im Ernst gemeint war.

»Hat dich der Herr B. darum gebeten, mich zu bekehren?«

»Unsinn. Ich denke einfach auf Grund meiner eigenen langjährigen Erfahrungen, dass Berlin ein sehr guter Ort ist für solche Menschen wie uns, die sich komplett neu erfinden müssen, ohne dabei von der Vergangenheit immer wieder eingeholt zu werden. Es ist nicht zwingend der Ort für immer, aber jedenfalls für diese Zeit des Übergangsprozesses. Wobei ich schon seit einer Weile erzähle, dass ich bereit wäre, Berlin zu verlassen, und ich bin immer noch hier.«

»Klar, man weiß nie. Ich könnte mir sehr wohl vorstellen, mich um so ein Stipendium zu bewerben. Ich habe es immer bedauert, dass ich keine weitere Ausbildung verfolgen konnte. Herr B. hat mir quasi die Willkommensmatte ausgerollt, das ist schon verlockend.«

Levis Gesicht verfinsterte sich plötzlich.

»Du musst vorsichtig mit ihm sein.«

Ich sah ihn überrascht an. »Wie meinst du das?«

»Nichts, vergiss es. Erzähle ich dir vielleicht ein anderes Mal.«

Ich drängte nicht weiter. Seine Welt fühlte sich immer noch so weit von meiner entfernt an, dass ich nicht daran glaubte, dass mich das Schicksal zu einer zweiten Begegnung mit Hartmut B. und seinem »liberalen« Judentum führen könnte. Ich sah mich nun um und betrachtete die lebhafte Szenerie, deutete auf die Menschen, die auf den breiten Fensterbänken oder um den großen Tisch herum saßen. »Du kennst also alle hier?«

»Einige, aber ich verbringe nicht mehr so viel Zeit in diesem Milieu. Mein Partner studiert an der Uni Potsdam, was rein technisch mit dieser Institution verbunden ist, also sehen wir uns ab und zu mal, aber du weißt, wie es ist, wenn man so aufwächst, wie wir es taten …« Er verstummte, und ich beendete seinen Satz für ihn grinsend: »… jede Art von Gemeinschaft löst eine allergische Reaktion aus.«

»Exakt«, entgegnete er lächelnd. »Besser könnte man es nicht sagen.«

»Also ist dieses Berliner Judentum doch nicht so verheißungsvoll für Ex-Orthodoxe, wie Hartmut es mir darstellen wollte.«

»Berlin an sich ist toll«, meinte Levi, »es ist wahrlich eine Stadt für Außenseiter. Somit ist das Judentum, von dem er spricht, auch auf logische Weise eine Art Judentum für Außenseiter. Aber ich denke, es ist viel größer als das von Hartmut skizzierte und erträumte Judenparadies. Ich kann dir viele Leute vorstellen, von denen er nicht die geringste Ahnung hat… nicht alle Juden in Berlin gehören per se zu einer ›Gemeinde‹. Die gibt es natürlich, wie überall, aber Berlin ist vor allem ein Ort, wo ein Jude keine Synagoge braucht und sich von keinem Rabbiner beraten lassen muss.«

Ich zeigte auf Jona Simon und Jo Frank, die ich schon in New York kennengelernt hatte und die nun auf meinem Balkon in ein Gespräch mit zwei sehr jungen, hübschen Studentinnen aus der ehemaligen Sowjetunion verwickelt waren. »Sind sie das, der Rabbiner und sein Assistent? Die spirituellen Oberhäupter dieses Paradieses, von dem du gesprochen hast?«

Levi lachte. »Nein«, sagte er, »der Rabbiner ist einer, der sicherlich nicht zu deiner Dinnerparty kommt. Es ist der Ehemann von Hartmut, er heißt Walter Homolka.« Mit seinem Akzent ließ Levi den Nachnamen hebräisch klingen, *HaMalka*, was so viel wie »die Königin« heißt, und ich wies ihn darauf hin, was ein kurzes Grinsen bei ihm auslöste.

»Lustig, dass du es erwähnst«, antwortete er trocken. »Sie nennen ihn tatsächlich *HaMoloch*, Der Moloch. Aber er benimmt sich hier jedenfalls wie der König der Juden.«

In der hebräischen Bibel tritt der Moloch als eine fremde Gottheit auf, der auf Grund der Vermischungspolitik bestimmter abtrünniger Könige zeitweise einen unrechtmäßigen Platz im israelischen Gottesdienst eingeräumt wurde, obwohl Moses' Gesetze dies ausdrücklich verboten hatten. Von daher würde mir mit der Zeit diese Bezeichnung erstaunlich passend erscheinen.

»Ist er Israeli, dieser Homolka?«, fragte ich. »Ist er denn auch ›zurückgekommen‹?«

»Nein, er ist Deutscher.«

»Echt! Ein deutscher Jude? Die gibt es doch selten, oder? Was ist seine Geschichte?«

»Nein, kein deutscher Jude … nur deutsch.«

»Ich verstehe nicht.«

»Also, früher wurde behauptet, dass er mütterlicherseits Jude ist, dass er nur auf Grund seines Pastorenvaters evangelisch erzogen wurde, später hieß es, er wäre übergetreten. Niemand weiß es aber genau, das ›Wann‹ und ›Wo‹ ist unklar. Jedenfalls gelten die Umstände seiner Konversionsgeschichte als sehr unkonventionell. Aber warte!«, sagte er, als er meinen empörten Gesichtsausdruck und meine sich anbahnende Entrüstung wahrnahm, »du musst verstehen, es gibt so wenige ›echte Juden‹ in diesem Land, dass sie gerne jeden nehmen, der sich um die Stelle bewirbt.«

Levi zeigte auf Jo Frank, der gerade Zigaretten auf dem kleinen Balkontisch drehte, während er sich mit Max und Jona in dem bläulichen Licht der einsetzenden Dämmerung unterhielt. »Dasselbe gilt für ihn, ebenfalls ein Deutscher, Sohn eines Pfarrers namens Schwöbel, er hat nur seinen Namen in einen etwas jüdischer klingenden geändert.«

»Du meinst, damit es unterschwellig so rüberkommt, als könnte er mit Anne Frank verwandt sein?«

»Schau dich um, die Menschen hier sind eigentlich mindestens zur Hälfte, also entsprechend der *Halacha*, mit der *wir* aufwuchsen, keine Juden. Abgesehen davon, wie man zu diesem Anerkennungssystem steht, ist es schon auffällig, dass sie eher aus dem christlichen

Milieu kommen, viele stammen aus Pfarrersfamilien, es sind also eigentlich Nachkriegs-Philosemiten, ex post, verstehst du mich? Von diesen gibt es hier jede Menge, und in Deutschland reicht das schon, um eine jüdische Gemeinde zu gründen. Dann sind eigentliche Juden eher Störenfriede. Herr B. will dich entweder komplett unter seiner Kontrolle wissen oder dich so fern von seinen Leuten halten wie möglich. Deshalb agiert er so.«

Ich folgte den Bewegungen seines Zeigefingers, während er damit fortfuhr, die angeblich wahren Identitäten der versammelten Gäste zu enthüllen. Ich war verwirrt. Diese Menschen hatten mich, damals in New York, als wir miteinander an dem langen Restauranttisch saßen, mit ihrer Offenheit so beeindruckt. Sie redeten frei über ihre Beziehungen zum Judentum, und ja, schon da war mir aufgefallen, dass es da ein ungewöhnliches Muster gab, aber ich war unvoreingenommen und unwissend um die Zusammenhänge gewesen, ich hatte keine Unterstellungen parat, nur Verwunderung und Neugierde, und nun plötzlich, auf der anderen Seite des Ozeans, kamen mir all diese Biografien wie zwielichtige und unheimliche Inszenierungen vor.

Ich dachte darüber nach, wie schwierig es wäre, in anderen jüdischen Milieus in der Welt mit geändertem Namen und unklarem Anspruch aufzutauchen, um dann auch noch an einflussreiche Positionen zu gelangen. Macht wurde in der jüdischen Welt eifrig gehütet – da hatte ein spät Dazugestoßener in der Regel keine Chance, egal wie man dies bewerten mag. Wenn hier alle jüdischen »Machthaber« Konvertiten oder eben einfach Deutsche waren, die sich irgendwie jüdisch definierten oder sich an mythische jüdische Vorfahren klammerten, was sagte dies über alle anderen hier aus, über die Studierenden, die sich so leidenschaftlich fürs Judentum interessierten und zufällig diese Leidenschaft vom Staat bezahlt bekamen?

»Die werden quasi rekrutiert«, unterbrach Levi meine Gedanken, als würde er sie lesen können, als hätte er sie auch ein Mal gehabt. Er sprach mit vernehmbarer Empathie weiter: »Du kannst nicht denen die Schuld geben. Die haben sich das so nicht ausgesucht. Die sind ausfindig gemacht worden und wurden mit finanzieller und emotionaler Unterstützung gelockt. Wer sagt denn zu so etwas Nein? Du wolltest ja auch gleich ein Stipendium annehmen. Und es liegt in der Natur der Sache, dass ein konvertierter Rabbiner über andere Konvertierte mehr Macht ausüben kann als über solche Kandidaten wie dich und mich. Also sucht man sie aus und lässt sie konvertieren oder sich zumindest darauf vorbereiten, um ein großes, unanfechtbares System aufzubauen. Denn was man nicht vergessen darf: in diesem Land gibt es viel Geld dafür, jüdische Gemeinden zu errichten, jüdisches Leben zu kultivieren.

Dafür gibt es dann das große Rabbinerkolleg, auch um über einen eigenen Authentizitätsstempel zu verfügen. Seitdem kann jeder Jude werden, an wem *HaMoloch* Gefallen findet.«

»Aber wenn es so ist, wie du es beschreibst, wie kommt es, dass du da mitmachst?«, entgegnete ich.

»Weil dies die einzige Option ist, wenn man sich hier als Jude religiös weiterbilden will, ohne sich an die ›alten Traditionen‹ halten zu müssen.«

»Aber lohnt sich der Preis, den man dafür bezahlt?«, fragte ich nachdenklich. »Du und ich, wir sind doch Aussteiger, wir sind gegangen, weil wir nichts mehr mit der Heuchelei zu tun haben wollten. Wie hältst du es nur aus, wieder von so vielen Lügen umgeben zu sein?«

»Du hast recht, es ist schlimm, und eigentlich versuche ich mich so viel wie möglich rauszuhalten, aber solange mein Partner es da aushält, unterstütze ich ihn dabei.«

Die Besucher fingen langsam an, sich zu verabschieden, und unser Gespräch kam dadurch unvermeidlich ins Stocken. In der großen Wohnküche lichtete es sich zunehmend, auf dem Balkon rauchte niemand mehr; es raschelte nur der Vorhang in der gespenstischen Abendbrise. Ende August wird es schnell kühl in Berlin, das sollte ich bald feststellen müssen. Ich zog mir eine Strickjacke über, dann ging ich zur Tür, um die Gäste bis ins grell beleuchtete Treppenhaus zu begleiten. Als ich die vielen Wangen küsste, die mir hingehalten wurden, fühlte ich mich auf seltsame Art enttäuscht, wenn nicht sogar betrogen. Vor ein paar Wochen hatten diese Gesichter mich verzaubert, nun war der Zauber einem leichten Zweifel gewichen.

War das also eine perfide Vorführung gewesen, die sie mir in New York gegeben hatten, als sie mir so stolz davon erzählten, dass es in Deutschland eine neue, freie Gemeinde gäbe, wo sich jeder selbst sein Verhältnis zum Judentum suchen und definieren könne? Oder war das hier bloß eine neue Sekte unter vielen, die ihre Freiheit nur dazu nutzte, um nicht wie die anderen Sekten sein zu müssen?

»Levi, sag mir mal ganz klar, ja oder nein«, sagte ich ihm, als wir alleine im Treppenhaus standen. Das Licht ging immer wieder automatisch aus, sodass unsere Hände in der Nähe des Schalters blieben. »Gibt es wirklich wieder Juden in Berlin, wie alle erzählen? Oder ist es nur eine Aufführung des Judentums, die das entstandene Loch füllen soll? Eine Performance, worin die jüdischen Figuren eigentlich nur verkleidete Deutsche sind, die sich ihre schönen Geschichten selbst erzählen?«

»Für echte Juden würde sich hier niemand interessieren«, antwortete mir Levi freimütig. »Sie haben zu viel

Angst vor dem Vergleich, schlechtes Imitat eben. Sie interessieren sich hier nur für andere Deutsche, die sie zu ihrem erfundenen Judentum ›bekehren‹ können. Aber ...!« Er legte seine Hand auf meine Schulter und schaute mir leicht betrunken in die Augen, »... gerade deshalb gibt es uns. Weil wir hier wie unsichtbar sind. Niemand interessiert sich für uns. Es ist wie ein Untergrund, wie alle anderen Szenen in Berlin. Man muss untertauchen. Dann entdeckt man eine Welt, die sich hinter dem ganzen Klamauk wunderbar verbergen kann. Und wenn du willst, zeige ich dir diese Welt. Dann wird dir das alles hier egal sein.«

Der Schabbat ist vorbei. Vom Highway 1 hört man wieder den üblichen Verkehrslärm. Die Taxis haben nun Konkurrenz von den Bussen und Trams bekommen, die wie gewohnt wieder fahren dürfen. Wir entscheiden uns für einen sonntäglichen Morgenspaziergang statt einer Fahrt, und zwar durch das frommste Viertel Jerusalems, *Mea Shearim*, das nur an der anderen Straßenseite auf uns wartet, aber keinesfalls einfach so passiert werden darf, ohne jegliche Vorbereitung, ohne einen Plan.

Wir wählen unsere Kleidung mit Bedacht, verabreden uns mit den Eltern einer Freundin. Es soll eine Art Führung werden, die beiden kennen sich hier gut aus, sowohl geographisch als auch kulturell. Vor mehr als einem Jahrhundert wirkten die Vorfahren meines Partners auf diesem Stück Land als christliche Missionare; ironischerweise befindet sich die ehemals abgelegene Gegend, in der sie ihrer Wohltätigkeit nachgingen, heute mitten im Zentrum der Stadt. Als ich 2019 bei meinem letzten Israelbesuch einen Streifzug durch seine engen Gassen geplant hatte, bat ich zur Sicherheit einen israelischen Freund, den ich aus Berlin kannte, mich zu begleiten. Ich hatte damals, aus welchem Grund auch immer, geglaubt, mit einem Ansässigen besser bedient zu sein. Wie komisch es war, sein Entsetzen zu beobachten, als ich ihn in das Viertel führte. Sein ganzes Leben hatte er in Israel verbracht, die lokalen Medien gelesen, war Menschen aus allen Landesecken begegnet, aber noch nie hatte er begriffen, dass es auch diese Welt in seinem Land gab, dass er sie mit seinem Bild von Israel vereinbaren musste, trotz aller Asymmetrien. Wir verließen *Mea Shearim* sehr schnell wieder, weil mein Begleiter sich als säkularer Jude da nicht wohlfühlte in seinen engen Jeans und mit seiner Langhaarfrisur. Er meinte darauf vorbereitet gewesen zu sein, aber in der Praxis, so sagte er mir hinterher, war er es eindeutig nicht. Heute weiß ich es also besser. Der Vater unserer Freundin ist hier sogar aufgewachsen, lange bevor das Viertel für seine Frömmigkeit zuerst berühmt und danach berüchtigt wurde, und ihm wird die Umgebung sicherlich keine Überraschung bieten.

Wir brechen am frühen Morgen auf, da ist alles noch relativ ruhig, obwohl ein Sonntag hier wie ein Montag anderswo ist. Wir gehen keine unnötigen Risiken ein. Zuerst überqueren wir die große Straße, die den Osten vom Westen trennt, und es begrüßt uns gleich ein Schild, das an Frauen und Mädchen gerichtet ist, die Buchstaben groß, die wichtigste Zeilen noch in roter Farbe betont:

Wir flehen Sie aus tiefstem Herzen an:
Bitte passieren Sie nicht unser Viertel
in unanständiger Kleidung.

Dann erklärt das Schild ausführlich für die Besucherinnen, die wahrscheinlich ganz andere Vorstellungen von allgemeinem Anstand haben, weiter, welche Kleidung als anständig und welche als unanständig gelten soll. Ein weiteres Schild bittet genauso dringlich:

Gruppen, die durch unser Viertel ziehen,
beleidigen seine Bewohner schwer.
Bitte hören Sie damit auf!

Ich bin im knöchellangen Kleid, und noch sind wir nur zu zweit, dennoch kostet es innere Überwindung, uns durch das enge Geflecht der schmalen Gassen zu wagen, erst mal zickzack, hin und her, auf der Suche nach der direktesten Route zum *Kikar Hashabat*, wo unsere »Stadtführer« aus dem Bus steigen, um den weiteren Weg mit uns gemeinsam zu gehen. Dieses urige Viertel, das damals von einem deutschen Architekten geplant wurde, weil sich innerhalb der Stadtmauer kein Wohnraum mehr fand, nannte man *Mea Shearim*, also »Hundert Tore«, weil man nachts die ganze Gegend zur Sicherheit absperrte, Tor für Tor, Straße für Straße. Außerhalb der Stadtmauer Jerusalems ging es lange wild zu. Nach dem Krieg, erzählt unser Experte, war es aber erst einmal eine friedliche Nachbarschaft. Heute sei ihm das Viertel weitgehend fremd. Dennoch weiß er den besten Weg zum *Schneller Camp*, worin noch das *Syrische Waisenhaus* stehe. Er hakt sich bei seiner Frau ein; es ist das Bild eines Paares, das noch den frühen zionistischen Traum erlebt haben muss. An den Namen der beiden hört man die Sehnsucht ihrer Eltern danach jedenfalls. Es sind keine Diaspora-Namen, sondern moderne, hebräische Beschwörungen: Ziona, die weibliche Form von Zion, und Amiram, was so viel bedeutet wie *Mein Volk ist erhaben*.

Das Wetter hat sich beruhigt, die Sonne scheint, aber ihre Wärme ist noch eine milde, frühlingshafte, und ich möchte glauben, dass diese Milde auch zur ungewöhnlich entspannten Stimmung beiträgt, auf die unsere kleine Gruppe stößt. Denn wir sind hier auffällig, nicht auf Grund unserer Kleidung, die bei mir strengstens angepasst ist, aber bei Ziona aus einem selbstbewussten Ensemble von Jeanshemd und schwarzen Karottenhosen besteht, samt sorgfältig bemalter Lippen in Knallrot, was aber wohl kein Problem sei, versichert sie mir, denn sie sei schon alt und gelte den Männern hier nicht als Bedrohung, und wahrlich meine ich zu erkennen, wie diese Männer vor ihrer herrischen Ausstrahlung zurückschrecken – nein, wir fallen auf, weil wir als eine dieser unerwünschten »Gruppen«, die durch das Viertel ziehen, aus zwei Geschlechtern bestehen. Frauen und Männer gehen hier keine gemeinsamen Wege. Als wir die Yechezkal Straße überqueren, lassen wir die noch schläfrige Mea Shearim Straße hinter uns und schlendern nun die Malkei Israel Straße entlang, die voll von Geschäften ist, deren Inhaber gerade ihre Rollläden hochziehen und ihre

Körbe voller Angebote ausstellen. Damit werden die schon schmalen Wege noch enger, und wir Frauen trennen uns ganz selbstverständlich von den zwei Männern, gehen ihnen hinterher, so wie ich früher den Männern meiner Familie immer hinterherging. Ich merke, wie wir nun weniger Aufmerksamkeit erregen. Vor uns am Straßeneck traut sich sogar ein Ortsansässiger, Amiram und seine offensichtlich ausländische Begleitung anzusprechen.

»*Von wannen kimmt a Yid?*«, fragt der Mann mit neugierigem Gesicht auf Jiddisch. Seine Kleidung ist schwer zerknittert, als hätte er darin geschlafen. Er kämmt sich seinen zottigen Bart mit seinen beiden Händen in einer automatischen Geste der Selbstpflege oder möglicherweise Selbstberuhigung, wie es mein Großvater zu jeder Gelegenheit auch tat.

»Aus *Yerushalayim*!«, antwortet Amiram lächelnd, denn er hat heutzutage selten die Gelegenheit, sein Jiddisch zum Einsatz zu bringen. »Ich bin hier aufgewachsen, wollte *nochamol aheim kimmen,* die Gegend meiner Kindheit wieder besuchen.«

»Und er?«

Der Mann zeigt auf meinen Partner, der im sommerlichen Leinenanzug durchaus exotisch anmutet.

»Aus Berlin«, antwortet er selbst, denn er versteht dieses Jiddisch fast genauso gut wie den Dialekt seiner süddeutschen Herkunft. Der Interessent richtet seine Fragen dennoch weiter an Amiram.

»Ist es *a Giter Yid,* ein guter Jude?«

»A giter Mann!«, antwortet Amiram.

»Aber a Yid?«

»A Yid«, gibt Amiram endlich nach, um uns in keine weiteren Diskussionen zu verwickeln.

»So, so, ein Jude, wusste ich's doch.« Der Mann streichelt wieder wie wild seinen Bart, während er meinen Partner mit einem seligen Blick betrachtet. »So, so, auch in Berlin gibt's es… *a giter Yid.*«

Erst als wir den Mann längst hinter uns haben, brechen Ziona und ich in Gelächter aus. Ich bin erleichtert, dass der Fokus nicht mir galt, da ein Ausländer im Leinenanzug viel eher das Interesse des Viertels weckt als eine mögliche Abtrünnige. Ziona nimmt meinen Arm, und ihr Gang ist einer, der nichts als Berechtigung vermittelt, sodass die Männer ihr sogar aus dem Weg gehen und nicht umgekehrt, und ich fühle mich viel wohler, als ich es je gedacht hätte, und schaue mich etwas um. Hier und da eilen junge Mädchen an uns vorbei, um Besorgungen zu machen, sie sind alle gleich gekleidet, in dunklen schweren Plisseeröcken, und steifen weiten Hemden, ihre Beine in blickdichten Strumpfhosen, die Haare straff zurückgekämmt und auf die eine oder andere Art strengstens gebändigt.

Ich weiß, dass ich einmal so ausgesehen haben muss, und dennoch ist es wie ein Wissen ohne wirkliche Erinnerung, denn ich habe es anscheinend willentlich aus meinem Gedächtnis gestrichen, und nun ist es wie ein Buch, das man irgendwann gelesen hat, oder wie ein Film, den man gesehen hat, deren Titel man sich nicht mehr merken kann. Mein Partner will es auch von mir bestätigt bekommen, dass ich einmal Teil so eines Straßenbildes war, denn er kann sich das natürlich schwer vorstellen, und ich rätsele über meine Antwort, denn nichts fühlt sich wie die Wahrheit an. »Ich weiß, dass ich einmal so war«, sage ich endlich. »Aber ich glaube es mittlerweile auch nicht mehr.«

Die Welt, zu der ich jetzt gehöre, sie ist mit dieser nicht ins Verhältnis zu bringen. Das liegt an der ungeheuren Schwierigkeit des Übergangs zwischen ihnen. Es gibt keine wirkliche Überbrückung, es ist also von der intrinsischen Logik gesehen unmöglich, dass ich einmal da war und nun heute hier bin. Letzteres schließt doch Ersteres vollständig aus. Dialektisch gesehen ist es eine ganz andere Sache – aber die möchte ich nicht hier auf der Straße ansprechen, denn wir sind angekommen.

Wir stehen plötzlich vor dem *Syrischen Waisenhaus*. Das Gelände ist tatsächlich vollständig ins Viertel integriert. Um das Haus selbst ist ein hoher Zaun errichtet worden. Eine Kette ist um sein Tor gelegt, sie ist mit einem großen Schloss befestigt: an ihm soll niemand vorbeikommen, denn obwohl das Haus intakt scheint, mit einem prächtigen Uhrturm, in dem noch die drei verrosteten Glocken, seinerzeit von Kaiser Wilhelm geschenkt, zu sehen sind, sowie die immer noch klar zu erkennenden dekorativen Reliefs, ist es offensichtlich vollständig verwaist, überall von wildem Unkraut überwuchert, wahrscheinlich auf dem Weg zur Abbruchreife. *Herr Jesu lieber Heiland, erbarm Dich unser!* ist auf die Fassade geprägt. Eine blaue Tafel, die vor dem Haus errichtet wurde, behauptet, es ginge voran mit den Restaurationsarbeiten, es solle ein Museum werden, aber von diesem übermütigen Wunschdenken ist nirgendwo ein Zeichen zu sehen. Auf dem Gelände rechts und links vom Haus sind jedenfalls erst kürzlich die Nebengebäude zu schicken Wohnhäusern umgebaut worden, das große Schild, das die Wohnungen mit griffigen Sprüchen bewirbt, steht noch frisch und strahlend vorm Zaun. In einem Jahrzehnt werden die glatten glänzenden Fassaden matt und rußig sein, dann werden sie sich dem Viertel endlich gefügt haben. Aber nun stehen sie in auffälligem Kontrast zu diesem gespenstischen Gebäude in ihrer Mitte, mit seinen aus mürben Holzbrettern nur noch halb blockierten Fenstern und ihren kippelnden Metalltüren, die aus ihren Rahmen in den Treppenvorbau ächzen. Wir gehen die schmale Gasse um das Haus entlang, schauen uns das eingezäunte Gelände von allen Seiten an, ein herrenloses Anwesen mit großzügigen Höfen und Gängen. Auf dem Rückweg an der westlichen Seite des Hauses erblicke ich ein zweites kleines Gebäude, das auch sehr alt wirkt und dennoch in normaler Nutzung zu sein scheint, denn sein Vorderhof ist voll mit kleinen, tobenden Jungen in *Kippot* und *Zizijot*, sie klammern sich an die schwarzen Pfähle des hohen Zauns und ziehen sich mit wild zappelnden Beinen und Armen daran empor, schauen uns mit schonungslosen Blicken an. Ich habe unerklärlicherweise das gleiche Gefühl, als wenn ich an einem Zaun vorbeiginge, hinter dem große Kampfhunde in Stellung gehen, ihre Zähne glänzend vom Speichel der Aufregung. Soll ich eine Hand zur Beruhigung ausstrecken, bloß keine Angst zeigen, den Gegner entwaffnen? Oder ist es eine verlorene Sache, wie ich es aus eigener Erfahrung weiß, habe ich in diesem Alter doch selbst meinerseits Eindringlinge bespuckt und beleidigt, weil es sich so gehörte, weil es die anderen auch so eifrig taten?

Ob die Worte aus den Mündern der uns anpöbelnden Kinder jiddische oder hebräische sind, kann ich im schrillen Getümmel nicht erkennen. Ich bin abgelenkt von der deutschen Beschriftung, die die helle Steinfassade über ihren Köpfen noch immer prägt: *Blindenheim*, steht da, *Baujahr 1903*, ein Schild dankt mehreren Mitgliedern einer deutschen Adelsfamilie für ihre Unterstützung, die Schrift ist teilweise bedeckt von einem anderen, neueren Schild, das lässig darüber gehängt wurde: *Talmud Tora Klal Chasidei* steht darauf:

Religiöse Grundschule der Chassidischen Gemeinde. Die Gemeinde hat sich nicht einmal die Mühe gemacht, die Geschichte des Hauses zu übertünchen. Nichts ist verändert, außer dem provisorischen Schild. Da wo deutsche Missionare sich damals um blinde Waisen aus Syrien kümmerten, lassen heute die Enkel von Holocaust-Überlebenden ihre Kinder zum neuen Fanatismus erziehen.

Dass auch die Deutschen ihre Ära in Jerusalem hatten, und zwar eine viel bedeutendere, als das Land gerne zugeben möchte, werde ich auch an anderer Stelle bald noch einmal erfahren, denn später sind wir mit dem Evangelischen Probst Jerusalems verabredet, der uns eine Führung durch das christliche Viertel versprochen hat, und da werden wir überall auf die Zeichen, die Kaiser Wilhelms Besuch hinterlassen hat, stoßen; unübersehbar wird uns der Einfluss der *Himmelfahrtskirche* und der *Erlöserkirche* auf ihre Umgebung erscheinen, oder das *German Colony*-Viertel mit seiner einzigartigen, heute heiß begehrten Architektur, und nicht zuletzt die Johanniter, die bis heute in der Altstadt wirken. Die deutsche Beziehung zu Israel ist viel älter, als die moderne, zionistische uns glauben lassen will. Die aktuelle Beziehung, die von Schuld und Verantwortung geprägt ist und alles auf den Holocaust bezieht, steht hier weit im Hintergrund. Die Deutschen, die wir auf unseren Rundgängen in der Altstadt werden kennenlernen dürfen, die uns engagiert ins Gespräch verwickeln und ihre tägliche Arbeit mit Stolz und Leidenschaft zeigen, sind nicht hier wegen der Schuld, nicht wie die Deutschen, die ein Pflichtjahr in einem Kibbuz leisten. Sie sind hier aus traditionellen Gründen, die mit der Hingabe an ein Heiligtum zu tun haben, genau wie viele andere Zugezogene. Immer haben sie sich diesen Ort mit anderen teilen müssen. Immer noch teilen sie diesen Ort mit anderen, ja gefühlt mit der ganzen Welt. Im christlichen Viertel Jerusalems sind Menschen von überall, nur nicht Juden. Da verkaufen die arabischen Geschenkkioske Menora und Kippot genauso wie Fatimahände und Schutzarmbänder. Im Dienste des Kapitalismus gibt es keine Diskriminierung. Wie damals auf den Straßen unten vor dem Aufstieg zum Tempel wird alles verkauft, woran ein Besucher Gefallen finden könnte.

Der Probst würde uns den Turm der evangelischen Kirche hochsteigen lassen, um uns den klaren Blick auf den Tempelberg mit seinen zu Ramadan festlichen Anreisenden zu erschließen, und wir würden die vielen hoch umzäunten Häuser nicht übersehen können, die wie kleine Festungen in den christlichen und arabischen Vierteln erscheinen, auf Grund ihrer stolz gehissten israelischen Flaggen und klar erkennbaren Sicherheitsausrüstung. Früher war das nicht so, wird uns der Probst erzählen, früher hat jeder die Grenzen der Anderen respektiert; ich kenne das schon, wie orthodoxe Juden einfach Guerilla-mäßig den Raum einnehmen können und kleine, unabhängige Eroberungsversuche veranstalten. Auf was das hinausliefe, könne er selbst nicht sagen, aber wer wüsste denn, wie lange noch das christliche Viertel Jerusalems überhaupt existieren dürfe?

Die Kirche, die einmal zum *Syrischen Waisenhaus* gehörte und nun trotz unserer Bemühungen nicht auffindbar zu sein scheint, wandelten die Israelis 1951 in eine Sporthalle um, wird uns der Probst später erklären, danach nutzte man sie sogar als Synagoge. Erst 2009 bemerkte man zufällig den Altar, der nie entfernt wurde. Die Lutheranische Gemeinde musste verhandeln, um ihn zu verlegen. Ein Jahr später begann die vollständige Umnutzung des gesamten Areals, es gelingt uns gerade noch, die letzten Überbleibsel in Augenschein zu nehmen. Auch in Europa haben Rabbiner verlassene Kirchen in Synagogen umgewandelt. Dafür benötigt man nur einen Segensspruch, und schon ist die Vergangenheit verwischt. Nicht nur in Jerusalem liegt die Geschichte in »Schichten«. Als ich das deutsche Wort Geschichte das erste Mal gelernt habe, was wir auf Jiddisch *Historie* nennen, dachte ich, es würde auf die Beschichtung der Zeit hinauslaufen.

Hier in *Mea Shearim*, wo einmal deutsche Christen ihrem missionarischen Auftrag nachgingen, muss alles den Ultra-Orthodoxen weichen. Was umfunktioniert werden darf, geht umgehend in die Nutzung, was nicht, für das arbeitet die Zeit. Diese Welt mag einem so vorkommen wie ähnlich aussehende Viertel in New York, London, Antwerpen oder Zürich. Aber es gibt große Unterschiede. Jüdische Gemeinden in der Diaspora interessieren sich für eine Sache: das Überleben, und zwar so gut, wie es nur geht. Mit strategischem Geschick und politischer Organisation erreichen sie mal mehr, mal weniger, was sie von der Gesellschaft brauchen, um ihren Lebensweg gebührlich und unbeschwert zu verfolgen. Hier in Israel geht es aber längst nicht mehr um diesen Pragmatismus, hier fördert man keine gegenseitige Toleranz zwischen den Frommen und ihrer politischen Herrschaft. Diese Fraktion der Gesellschaft ist in einen Heiligen Krieg mit der Welt um sie herum verfangen, sie ist auf Mission, diesen Staat von innen auszuhöhlen. So lautet ihr religiöser Auftrag.

Es scheint für viele liberale Juden immer noch schwer zu glauben, dass sie für Ultra-Orthodoxe ein größeres Feindbild darstellen als die vermeintlich fremden Nichtjuden, die früher als gemeinsamer Nenner der Unterdrückung galten. Als die israelische Regierung während des Lockdowns immer wieder in den frommen Gebieten eingreifen musste und auf gewaltsame Proteste stieß, wo jüdische Israelis von ihren eigenen jüdischen Mitbürgern als Nazis beschimpft wurden, hat man sich plötzlich in der ganzen Welt mit diesem schockierenden, absurden Phänomen beschäftigt, obwohl es schon vorher viele entsprechende Geschichten gegeben hatte, wenn beispielsweise junge, absolut »sittsam« gekleidete Mädchen von religiösen Fundamentalisten schlimm beleidigt und angegangen wurden. Nur geschah das Ganze diesmal auf Massenniveau; man sah zum ersten Mal diese eine klare Trennlinie inmitten der jüdischen Bevölkerung, die bis dahin keiner in ihrem ernsten Ausmaß sehen oder begreifen wollte. In meinen Zoom-Interviews, die ich mit amerikanischen Jüdischen Gemeinden seit dem Anfang der Pandemie führte, ist dies oft ein Gesprächspunkt gewesen. Wie kann ein Jude einen anderen Juden als Nazi beschimpfen? Das löst bei vielen nur noch Kopfschütteln aus.

Es ist indes ein Fehlschluss zu glauben, dass das Wort »Nazi« in Israel die gleiche Bedeutung hat wie im Westen. Die Art, dieses Wort einzusetzen, ist eine Referenz darauf, dass die säkulare Gründung Israels auf der Geschichte der Naziverfolgung beruht und sich dadurch für immer in diesem moralischen Denksystem verfing. Denn diese Referenz bedeutet den religiösen Bürgern, die schon vor der Staatsgründung im Land präsent waren, weniger als den säkularen, den modernen Zionisten, die nach dem Krieg dem Land ihre historisch kontextualisierte Vision aufzwangen; der Begriff ist bloß zum Hinweis auf die inhärente Heuchelei der säkularen Staatsräson geworden: Das Wort »Nazi« entlehnten sie von diesen neuen Mächtigen, um es gegen sie zu verwenden. Es wird also gerade deswegen verwendet, weil die israelische Kultur es so überhöht hat. Ein Nazi ist einer, der Juden auf Grund ihres Judentums auslöschen will, sagt der orthodoxe Jude nüchtern; aus dieser Perspektive folgt, dass säkulare Zionisten nach etwas Ähnlichem trachten: Sie wollen Orthodoxe auf Grund ihres praktizierten Glaubens vom Bild des Judentums verschwinden lassen.

Der Zionismus, der sich nach dem Zweiten Weltkrieg in Israel verwurzelte, war mehr oder weniger politisch links orientiert, modern, emanzipatorisch. Eine vermeintlich neue Art Jude wurde in die Welt gerufen, er sollte stark sein, abwehrbereit und fügsam, willens, sich für ein Kollektiv aufzuopfern, unsentimental und über den Kitsch und die Folklore der Vergangenheit hinausgewachsen. In Israel wollte man keine blassen, ausgemergelten Gelehrten mehr, die sich nur mit irgendwelchen Texten auskannten, aber sonst hilflos waren. Die Naivität eines Gläubigen sollte abgestreift werden, der Aberglaube ausgerottet, selbst die Gottesfurcht sollte für immer überwunden werden. Im Prinzip ist dieser Krieg zwischen den Frommen und den Emanzipierten schon sehr früh angezettelt worden, aber damals, bei der Staatsgründung, waren die *Freien Jidden* eine stärkere Kraft, die dadurch die Deutungshoheit besaß. Es blieb der anderen Seite nur das, was man »the long game« nennen würde: ein Spiel auf Zeit.

Die Juden, die auf ihre Frömmigkeit trotz all diesem Auslöschungsdruck pochten, nannten sich *Charedim*, wortwörtlich »die Zitternden«, um auf ihre trotzig bewahrte Ehrfurcht vor dem Ewigen hinzuweisen. Sie entwickelten sehr schnell einen Hass gegen den Staat, vor allem aus ideologischen Gründen. Was die Zionisten offensichtlich taten, war, dem Messias vorauszueilen, und das wurde als die höchste Blasphemie wahrgenommen, als möglichen Anlass für die Apokalypse. Interessanterweise änderte sich diese Haltung bei vielen der frommen und traditionell praktizierenden Juden mit der Zeit; genauso wie sich die Religion in der Vergangenheit immer an die veränderten Bedingungen angepasst hatte (von der patrilinealen zur matrilinealen Abstammung, von der Polygamie zur Monogamie usw.), passte sie sich auch hier langsam an. Das Land wieder zur Heimat zu machen, wurde als akzeptables Vorhaben umgedeutet; nur das »Wer« und »Wie« waren falsch. Das Ziel war nicht, wie bei den Radikalen früher nicht unüblich, mit den Feinden Israels zu kooperieren, um den Israelischen Staat zu stürzen, sondern es ging darum, den Staat selbst zu lenken, ihn nach ihrem eigenen Bild zu erschaffen. Heute gibt es nur noch eine kleine Fraktion innerhalb der orthodoxen Welt, die sich noch vollständig an ihre Überzeugung, Zion dürfe man nicht selbst wieder errichten, klammert: dies sind Sekten mit Namen wie *Neturei Karta* und *Toldot Aharon,* deren Mitglieder bei Anti-Israel-Protesten gemeinsam mit Palästinensern auf die Straßen gehen, deren Schilder mit solchen Sprüchen wie »Israel hates Jews« auffallen, aber sie sind in der Tat zu einer kleinen Minderheit geworden. Der ursprüngliche Konsens unter Orthodoxen, Israel dürfe es nicht geben, ist heute einem neuen Konsens gewichen: Israel dürfe es nur »unter uns« geben. Was das angeht, so gab es mit der Zeit genug Rabbiner, die plötzlich Hinweise in den alten Texten entdeckten, wonach eine bedingte Rückkehr durchaus möglich wäre, später begannen manche sogar zu behaupten, dies würde nötig sein, um die Bedingungen dafür herzustellen, die der Messias für sein Kommen brauchte.

Nun waren es die Religiösen, die eine neue Art Zionist schafften, sie schöpften dafür aus der Bibel das Bild eines Eiferers heraus, wie die damaligen Zeloten, wie die Sikarier, die Dolche unter ihren langen dunklen Mänteln trugen, um vermeintliche Abtrünnige schnell und diskret niederzustechen. Diese neuen Zionisten fühlen sich zu dieser *biblischen* Gewalt aufgerufen, um sich als Soldaten in Gottes Namen für Gottes Ehre herzugeben. Dieses Bild ist mittlerweile zu einer prägenden kulturellen Ikone geworden, die von vielen verschiedenen Fraktionen in Israel gepflegt wird. Seien sie aus dem Osten oder aus dem Westen, dunkelhäutig oder hellhäutig, mystisch interpretierend oder texttreu: Heute einigen sich praktizierende Juden in Israel über wenig sonst als das biblische Erbe und was es für die Zukunft des Landes zu bedeuten hat. Ihre Überlieferungen unterscheiden sich in tausenden Graduierungen, ihre Kleidung stellt ein buntes Spektrum dar, ihre Rituale sind manchmal so völlig anders ausgelegt, als wären sie fast aus unterschiedlichen Religionen, aber ihre politische Überzeugung stimmt zumindest in dieser Hinsicht überein. Das Volk muss aus den vielen Stämmen wieder zueinanderfinden und sein gemeinsames Territorium endgültig erobern, egal was es kosten mag. Das Narrativ der Bibel dient der Vereinigung trotz Differenzen; es ist, als würde man das Alte Testament weiterschreiben, die Fäden des Schicksals wieder aufgreifen. Auch damals war das Volk aufgeteilt und oft zerstritten, aber es einte alle Fraktionen ein Tempel, eine Praxis, eine Erzählung.

Die zunehmende Bereitschaft zur Gewalt unter den Orthodoxen sieht man heute in den Krawallen, die in den Siedlungen immer wieder ausbrechen, in den Episoden in der Altstadt, wann immer ein Fanatiker versucht, ein Tier auf dem Tempelberg zu schlachten, und von israelischen Soldaten zurückgehalten werden muss, man erlebt sie in den Vierteln, wo die Eiferer andere Juden und Jüdinnen verbal und körperlich angreifen, wenn diese ihren strengen Vorschriften nicht entsprechen, aber diese Gewalt ist auch eine Performance, eine Ablenkung von dem, was hier eigentlich langsam und zielgerichtet seit Jahrzehnten stattfindet: nämlich dem politischen Plan, die demographischen Verhältnisse in der israelischen Bevölkerung so zu verschieben, dass die Säkularen schon bald zur kaum geduldeten Minderheit werden, während sie gleichzeitig einer Theokratie unterliegen sollen, die nur ihre religiösen Rechte in Betracht zieht. Die Regierung sollte immer in die Hände der Eiferer gelangen. Wer das bisher nicht begreifen konnte, wollte es nicht.

Wenn Israel nicht mehr die sogenannte einzige Demokratie im Nahen Osten ist, sondern eine reine Theokratie, wird die westliche Welt auch dies mitmachen, wenn also kein Schein mehr gewahrt werden kann? Warum nicht? In Amerika können wir vergleichbare Verschiebungen der Verhältnisse beobachten, auch in Deutschland sind wir nicht vor der Gefahr dieser Verschiebung gefeit. Wir schreiten zurück in eine fanatische Zeit, die Anzeichen dafür sind da, wenn man nicht die Augen gewaltsam verschließt und die Ohren verstopft. Aber die, die Religion nur noch als kurioses Relikt sehen wollen, welches man aus sentimentaler Anhänglichkeit unbedingt bewahren muss, oder sie aus einem irgendwie diffusen Identitätsgefühl heraus begründen, sie stecken in Wirklichkeit den Kopf in den Sand. Denn nichts stützt die Religion auf ihrem Weg zur Allmacht so sehr wie die sie tolerierende Irreligiosität; niemand ist eine größere Hilfe der Fundamentalisten als der aufgeklärte, emanzipierte, gebildete Westler, der ihnen den roten Teppich auslegt, um aus lauter Romantik seine zukünftigen Unterdrücker zu bejubeln.

Wann immer ich dieses Thema in liberalen israelischen Kreisen bisher angesprochen habe, wehte mir eine spürbare Verunsicherung entgegen. Man sprach nicht gerne darüber, aber selten war ein Bewohner des Landes komplett überrascht, wenn ich die Zukunft so skizzierte oder wenn ich die Statistiken aufzählte. Ich redete von Geburtenraten, weil die Säkularen es nicht einmal schaffen, sich in einer Generation zu ersetzen, während die Ultra-Orthodoxen sich alle zwanzig Jahre mindestens verzehnfachen. Ich wies auf die politischen Kompromisse hin, die die israelische Regierung auf Grund dieser Fanatiker zunehmend eingehen muss, ich hinterfragte die Toleranz für Gesetze, die eindeutig biblische waren ohne jedweden Zusammenhang mit dem demokratischen Wertesystem, sobald sie auch auf nicht-religiöse Juden angewendet wurden. Noch konnten sie es hinnehmen, meinten meine israelischen Freunde, dass es am Samstag keinen öffentlichen Verkehr gab, dass an den acht Tagen zu *Pessach* nirgendwo Brot verkauft werden durfte, obwohl sich weiter fröhlich Bacon zum Ei bestellen ließ. Aber es würde nicht dabei bleiben, beharrte ich immer wieder, und meine Gesprächspartner gaben auch zu, dass dies stimmte, dass ich recht hatte, und dennoch blendeten sie diese Wahrheit im Alltag lieber aus, denn was war die Alternative? Die Lösung, auf die sie hoffen, ist mit einem Wunder vergleichbar. Vielleicht sind auch diese Menschen gläubig, wenn auch auf ihre eigene irreligiöse Art.

Die amerikanischen Juden, die ich mit diesen Schilderungen konfrontierte, erzählten manchmal zögerlich, dass sie ja einen entfernten Cousin oder Bekannten hätten, der ein orthodoxes Leben führe, und der sei offensichtlich ganz glücklich, also könnte dieses Leben vielleicht gar nicht so schlecht sein wie sein Ruf, und wenn es eines Tages zu einer Entscheidung käme, wären sie vielleicht doch bereit, für ihre Sicherheit ein paar Kompromisse einzugehen. Sie machten es sich im Kopf schon zurecht, bemerkte ich, obwohl sie sich immer noch als die Freiheitsverteidiger gaben, weil sie ihre Hilflosigkeit wohl ahnten und es damit schwerer hatten als mit den Gedanken an die Kapitulation.

Aber wenn ich in Berlin versuchte, bei den sogenannten deutschen Juden, diese Lage anzudeuten, traf ich vom ersten Moment an auf eine harte Wand der Dementierung. Die Menschen mit jüdischem Hintergrund – ich formuliere es so, weil dieser wie gesagt oft nur partiell und fragmentiert vorhanden ist –, die ich in dieser Stadt kennenlernen durfte, haben oft wenig Ahnung vom lebenden Judentum, eher sind sie in historischen Fragen bewandert, sie wissen von Heinrich Heine und Moses Mendelssohn, sie können eloquent einen Diskurs um Themen wie Antisemitismus in Deutschland führen, und sie stehen zweifellos zu Israel, und ausschließlich aus dieser Position heraus: Es gab den Holocaust, Deutschland war dafür verantwortlich, alles folgt dieser Logik. Der Bezug zu Israel entsteht aus einer rein *deutschen* Position heraus, er beschäftigt sich nicht mit Israel als Realität, sondern als eine einzigartige *deutsche* Projektionsfläche, wie es nirgendwo im Ausland auf diese Art und Weise der Fall ist. Dieses Israel ist kein Land als Fläche oder Gesellschaft, es ist Israel als Fata Morgana: es darf nicht näher betrachtet werden. Wenn ich dann sage, ist alles fein und richtig, aber faktisch versteht sich dieser Staat schon bald als etwas ganz anderes als das, was sie darauf projizieren; wenn ich sage, dass er nicht immer da sein wird, in der Weise wie jetzt, damit sie in Tel Aviv Party machen können (oder wie es eine bekannte deutsche Publizistin immer so schön pikant in ihren Artikeln für die Springer-Presse schreibt: damit sie trainierte Macho-Männer am Strand beäugen können), dann verhärten sie sich gegen meine Erklärungen, dann wenden sie sich ab. Anders als die Israelis halten sie sich lieber von unbequemen Wahrheiten buchstäblich fern, schließen deren Implikationen entschieden aus.

Doch könnte man sich natürlich fragen, ob sie nicht schon etwas gewittert haben, was sie nicht gerne zugeben wollen, denn schließlich sind sie nicht in Israel wohnhaft, sondern in Deutschland. Ich muss an den feierlichen Artikel denken, den die eben angeführte Publizistin noch Ende 2014 schrieb, in dem sie ihren Umzug nach Israel mit Stolz und Freude verkündete, einen Abschied aus Deutschland, den sie auf den deutschen Antisemitismus zurückführte. Es war ein Klassiker des

Genres »Goodbye to all that«, in dem bekanntermaßen berühmte New Yorker der Stadt physisch wie literarisch den Rücken kehren, nur war es diesmal Berlin, und es war der Antisemitismus, den sie nicht mehr ertrug, wie sie sehr emotional mitteilte. Und wenn man sie frage, so schrieb sie, was das für ein Leben sei, was sie in Israel erwarte, im ständigen Krieg, dann sage sie, ein echtes Leben eben, *mit Ecken und Kanten*, nicht wie dieses bequeme, verlogene deutsche Leben.

Dieser Mut zu den Ecken und Kanten des Lebens im Schatten eines immer siedenden Krieges, der ist tatsächlich bewundernswert. Ich wäre zum Beispiel nicht tapfer genug, jetzt in die Ukraine zu ziehen. Aber dieser Impuls, alle Fäden zu kappen, den kann ich auf Grund meiner persönlichen Lebensgeschichte tatsächlich nachvollziehen, oder mich zumindest in das Gefühl hineinversetzen. Interessanterweise war ich gerade, als die besagte Publizistin Deutschland und den Deutschen ihren Abschied in der Zeitung erklärte, in Deutschland angekommen, um zu bleiben. Ich hatte tatsächlich die deutsche Staatsangehörigkeit beantragt, so sicher war ich, alles noch einmal im Leben hinter mir lassen zu wollen. Knappe zwei Jahre später würde ich die Publizistin auf einem Kreuzberger Spielplatz persönlich kennenlernen, aber da würde sie mir erzählen, dass es mit dem Umzug doch nicht so gut gelaufen war, dass sie es kaum ein Jahr lang ausgehalten hatte, dass nichts funktioniert habe, dass auf niemanden Verlass gewesen sei, kurzum, sie zu deutsch gewesen sei, um sich in Israel wohlzufühlen, wie sie zugab. Sie war zu deutsch, um als etwas anderes als eine Exotin wahrgenommen zu werden. Sie war zu deutsch, um mit der Realität klarzukommen, die eine komplexe jüdische Gegenwart ihr abverlangte. Aber dies habe sie seitdem natürlich nicht daran gehindert, aus dem bequemen deutschen Leben heraus immer eifrig für das Land Israel Partei zu nehmen. Denn als bereitwillige Jüdin – in dem Sinne, dass man von sich zu geben hat, was die Deutschen angeblich von Juden hören wollen – geht es ihrer Meinung nach hauptsächlich darum, die Illusion aufrechtzuerhalten für sein sehnsüchtiges Publikum, das natürlich Israel als Erfolg wissen möchte, nicht unbedingt aus dem sogenannten Schuldkomplex heraus, sondern auch aus der kulturell verankerten Investitionshaltung: worin Deutschland Mühe steckt, soll Erfolg blühen.

Juden in Deutschland beschuldigen sich gerne gegenseitig als »Entlastungsjuden«. Sie sagen, die Juden, die es den Deutschen bequem machen, sind nichts anderes als Seelenverkäufer und Scharlatane. Dabei ist dieses »Bequemmachen« an sich durchaus strittig. Ein Jude, der Israel kritisiert, macht es dem israelkritischen Deutschen, der angeblich damit eigentlich nur den Holocaust relativieren will, zu leicht, aber ein Jude, der Israel lobt, tut es leider genauso, denn immerhin hat Deutschland erheblich dazu beigetragen, dass es so weit kommen konnte. Entsprechend der gängigen Theorie ist also jeder Jude ein Entlastungsjude, es hängt nur von der Perspektive ab.

Die Publizistin, die ihren Umzug nach Israel doch nicht vollziehen konnte, ist bei Weitem nicht einzigartig in ihrem Bumerangkurs. Sie ist auch nicht Pionierin auf einer Bahn, die seit vielen Jahrzehnten von anderen genauso befahren wurde. Schon nach dem Krieg waren die deutschen Juden in Israel für ihr unausrottbares Deutschsein berüchtigt, viele von ihnen kehrten so bald wie möglich zurück, weil sie sich in ihren Pelzmänteln in der Wüste fehl am Platz fühlten, sie vermissten die Kultur, die Bildung, die Großstadt, die Welt. Ich denke an eine langjährige Freundin von mir, die mütterlicherseits einer alten Linie deutscher Hofjuden entstammt, die sogar den Namen ihres Herren annehmen durften, auch sie haben es nach dem Krieg in Israel versucht, auch sie kapitulierten schnell und tauchten in der alten Heimat wieder auf. Heute ist die Familie wieder so fest in Deutschland verankert, dass die Kinder Nicht-Juden geheiratet haben, die Enkelkinder ebenfalls. Niemand in der Familie kann sich das Land Israel als Heimat vorstellen. Höchstens als Urlaubsziel.

Anders die israelischen Juden, die sich nicht in den offiziellen Gemeindezahlen spiegeln, aber sich doch zuhauf hier befinden: sie sind hergekommen, und zwar nicht nur, weil sie die Politik ihres Landes ablehnen oder ein erschwinglicheres Leben führen wollen, denn diese Sehnsüchte könnten sie vielerorts verfolgen, sondern weil sie hier etwas suchen, was ihre Vorfahren unfreiwillig hinterlassen mussten, an ihnen nagen tiefe Verluste, die sie emotional geerbt haben, und das Leben, das Israel ihnen anzubieten hat, kann diese Verluste für sie nicht wiedergutmachen. Oder die amerikanischen Juden, die ähnliche Wege gehen, aber eine pragmatischere Sicht auf die Sache haben, wie es Davids Schwester Rachel mir an dem Wochenende in Südfrankreich erklärt hatte: Juden waren immer gut darin, zu ahnen, wann sich die Gefahr wieder näherte, und meistens auch gut darin, die richtigen Entscheidungen zu treffen, um dieser Gefahr entgegenzuwirken. Es sei nicht auf die Sentimentalität zurückzuführen, behauptete sie, dass sich plötzlich so viele Juden in Deutschland befänden. Es läge einfach an der Tatsache, dass das Leben hier nun sicherer und besser erscheine als das in den Staaten oder sonstwo, und diese Umzüge seien keine romantischen Odysseen an sich, sondern sachliche Umorientierungen auf der Suche nach höherer Lebensqualität. Dass sie an den deutschen Pass für sich und ihre ganze Familie gekommen sei dank ihres deutschen Großvaters, sei natürlich kein Zufall, sondern Teil dieser Tradition, aus allem etwas Nützliches, etwas Gutes zu machen, egal ob es aus Schmerz oder Freude stammt.

Es ist nur einen knappen Monat her, dass ich mit Rachel und ihrem Bruder David auf jener sonnigen Terrasse in Èze saß, mit Blick auf das unten liegende Meer, das sich tiefblau und schimmernd bis zum Horizont zog. Der Krieg in der Ukraine war nur vier Wochen alt. Das Wochenende war ursprünglich als kleiner Kurzurlaub geplant gewesen, nach so langer Zeit, in der wir uns nicht hatten sehen dürfen. Wir sind alle amerikanische Expats, die in Europa verstreut sind, Rachel und ich in Berlin, David in Groningen, und dann noch unsere Freundin Carla, die viele Jahre mit ihrem holländischen Mann in Paris gelebt hat, bevor sie kürzlich nach Madrid gezogen ist. Damit wir es schaffen, uns zu sehen, müssen wir sehr viel im Voraus planen, jedes Detail koordinieren, einen Ort suchen, wohin alle ohne große Umstände reisen können, und als wir die Flüge organisiert und uns das Haus in den Bergen gesichert hatten, war die Welt noch eine andere. Man meinte, langsam aus der Krise zu kommen. Inzwischen fühlte es sich eher danach an, als würden wir immer tiefer in einer Krise versinken.

Die Sonne schien, aber die Temperaturen waren noch relativ frisch, und da das Haus aus Stein gebaut war, um gut durch die heiße Sommersaison zu kommen, zog es aus allen Ecken. Wir heizten nicht. Noch war es unklar, wie es mit dem Heizen überhaupt weitergehen sollte.

Wir blieben so lange draußen, bis die Sonne uns keine Wärme mehr spendete, danach zogen wir uns in die

Küche zurück, wo David uns eine Mahlzeit aus gefüllten Zucchiniblüten zubereitete, während wir Frauen Rosé tranken und einen Salat zusammenstellten. Sehr bald waren wir beim Thema des ukrainischen Präsidenten Wolodymyr Selenskyj, der für uns alle eine faszinierende Figur darstellte.

»Er ist im Prinzip die einzige jüdische Führungsfigur unserer Zeit, die außerhalb Israels agiert. Das ist für die israelische Politik natürlich sehr irritierend. Aber das eigentlich Spannende an ihm ist die Nebensächlichkeit seines Jüdischseins. Ja, er ist Jude. Aber es scheint wenig zu bedeuten. Es stellt nur einen winzigen Anteil seiner Identität dar. Viel eher sieht er sich als Ukrainer, und so wird er auch gesehen. Haben unsere aufgeklärten Ahnen nicht genau davon geträumt, als sie mit der *Haskala*, der jüdischen Aufklärung, loszogen? Dass wir eines Tages so europäisch sein würden, dass niemand an uns das Judentum würde erkennen können?«

Rachel meinte, anhand von Selenskyj würde sie endlich verstehen, warum so viele Juden in Deutschland, die aus diesen ehemalig sowjetischen Gebieten kämen, so wenig von ihrem Judentum zu wissen schienen.

Aber anders als Selenskyj, entgegnete ich, pflegten sie eine Pseudoidentität, die ihnen längst kulturell abhanden gekommen ist, nur weil es in Deutschland von ihnen erwartet wird, sich als »hauptsächlich jüdisch« zu präsentieren.

»Das ist eben diese alte Ost-West-Linie, die die europäischen Juden schon immer getrennt hat, es ist das, worüber Joseph Roth schon einmal ziemlich verbittert schrieb. Aber heute schämen sich die Westjuden nicht mehr dafür, dass ihre östlichen Pendants so abergläubig und zurückgeblieben wirken, im Gegenteil: sie verachten die Juden aus dem Osten, weil sie nichts mehr an sich haben, was sie von ihren nicht-jüdischen Landsleuten unterscheidet. Der Gipfel der Ironie! Früher waren sie die aufgeklärten assimilierten Deutschjuden, jetzt prahlen sie mit ihren altbewährten Traditionen.«

»Aber sie sind doch in der Minderheit, nicht wahr?«, fragte David verwundert.

»Die deutschen Juden, meinst du? Ja, klar, diese Wellen aus dem Osten haben sie längst zur irrelevanten Minderheit gemacht. Auch in den Gemeinden haben sie kaum mehr Einfluss. Das erklärt natürlich, warum sie bereitstehen, sich mit deutschen Philosemiten zu verbünden.«

Rachel und ich kamen kurz aufgeregt auf die vielen Konvertiten in den liberalen jüdischen Gemeinden in Deutschland zu sprechen. Rachel listete die Synagogen auf: »Oranienburger Straße hat eine Konvertitin als Rabbinerin, das ist die Gesa Ederberg. Pestalozzistraße hat den Konvertiten Jonah Sievers als Rabbiner.

Und man darf den Oberrabbiner Walter Homolka nicht vergessen!«

Ich erzählte ein bisschen über Rabbi Homolka. David schaute verblüfft. »Ist das nicht so ein ›Rachel Dolezal‹-Phänomen? Sind das etwa Transjuden? Ich verstehe das nicht.« Er bezog sich auf die berühmte Geschichte einer weißen amerikanischen Frau, die sich jahrzehntelang mit Hilfe von Bräunungsmitteln und Zöpfeflechten als Afro-Amerikanerin ausgegeben hatte, um eine beachtliche Position als Repräsentantin der afro-amerikanischen Gemeinde zu ergattern und erheblichen Einfluss in dieser auszuüben. Sie hatte sich mit derselben Logik verteidigt, mit der wir Menschen akzeptieren, die ein anderes Geschlecht innehaben als ihr biologisch angeborenes: sie beharrt bis heute darauf, in Wahrheit eine afro-amerikanische Identität in jedweder relevanten Hinsicht zu besitzen. Die weiße Haut sei nur etwas, was sie überwinden müsse, eine unpassende Kleinigkeit, für die sie letztendlich nichts könne.

Rachel machte die Flasche Rosé leer, mit einem demonstrativen kräftigen Schluck. »Wenn man beobachtet, wie zwanghaft versucht wird, das deutsche Judentum wiederzubeleben, käme man schon zum Schluss, dass diese Deutschen genau das wollen: Judentum ohne Juden.« Ihr Gesicht verzog sich zu einer Grimasse, die nicht nur auf den billigen Wein zurückzuführen war.

»Meinetwegen sollen sie es so haben, wenn es ihnen so wichtig ist. Solange sie mich nicht damit verrückt machen.«

Ich meine mich weniger an all dem zu stören als Rachel, die sich für ihren Sohn eine *Bar Mizwa* wünscht und die verschiedenen Festtage noch gerne einhält. Aber ich weiß, dass das Judentum, mit dem sie in den weitesten Winkeln Amerikas aufwuchs, mit einer konvertierten Mutter und einem Vater, der längst seinem deutschstämmigen Judentum entfremdet war, in ihr ein Gefühl des Mangels erzeugt hat, und es ist ihr ein emotionales Anliegen, hierher zurückzukehren um entdecken zu müssen, dass Deutsche ihr in der Zwischenzeit dieses Erbe weggenommen haben. Sie fühlt sich doppelt beraubt, erklärt sie immer wieder, als wäre dieses Kapern des Deutschen Judentums eine bloße Erweiterung des Vernichtungsversuchs.

Und ich? Wünsche ich mir insgeheim, dass jemand mir auch etwas rauben würde? Vielleicht bin ich bereit, von meinem Judentum viel abzugeben, weil ich eine Überdosis davon erhalten habe und kein positives Verhältnis mehr möglich ist.

Diese Zeit, in der ich mein Leben in Frommheit und Entbehrung verbracht habe, ist nicht auszulöschen, sie ist nicht aus meinem Selbst zu tilgen. Sie wirkt in jeder meiner Ansichten, jedem meiner Erlebnisse nach. Es ist mir ein anhaltender Schmerz. Sie ist verlorene Lebenszeit, sie ist mir geraubt worden, und ich kann diesen Verlust nie wiedergutmachen. Von daher bin ich immer noch von dieser Sehnsucht getrieben, mein Leben so frei und unberührt von diesem Einfluss zu gestalten, wie es nur geht. Und hier stehe ich nun in den Straßen von *Mea Shearim* und merke, ich kann ihm nicht entkommen. Ich kann diese Straßen verlassen, aber die Macht, die sie über mich haben, besteht. Wir lassen das Viertel hinter uns, aber ich bleibe zurück. Ich kann mich nie ganz davon trennen.

Die Geschichten in meinem Kopf spielen nicht in der Welt, in der ich lebe. Sie sind alle noch da, in der Welt, die ich hinter mir gelassen habe, sie dichten sich aus ihrem Stoff heraus und zerren unaufhörlich an mir. In diese Welt möchte *Miriam* mich immer wieder zurückführen. Wer ist sie, und was will sie von mir? Ist sie nur das hinterlassene Ich, wovon ich mich mit meinem Ausstieg verabschiedet habe? Will sie auf ihr Recht auf Leben pochen und meine Versuche vereiteln? Ist sie eine Gegnerin oder eine Helferin, eine Gefahr oder eine Rettung?

Bevor ich verstand, dass mein Roman in Jerusalem spielen musste, dachte ich nur an Antwerpen. Seit ich in Berlin wohnte, war mir diese Stadt doch sehr nah geworden, jederzeit für kurze Ausflüge erreichbar.

Schon als Kind war ich von diesem mir damals fernen Ort fasziniert gewesen, weil der ältere Bruder meines Vaters eine Frau von dort geheiratet hatte und ich vom Erscheinen und den Verhaltensweisen dieser Frau beeindruckt gewesen war. Ich leitete davon ab, dass die Stadt, aus der sie kam, sehr viel anders sein musste als unser New York. Denn meine Tante sprach viele Sprachen fließend, zusätzlich zu dem üblichen Jiddisch und Englisch. Sie sprach ein mysteriöses, elegantes Französisch, ein fast vertraut klingendes Flämisch, ein ungewöhnlich akzentuiertes Hebräisch, kompetentes Polnisch und Ungarisch. Dies verlieh ihr mondäne, ja exotische Allüren.

War es auch ihre glamouröse Art, sich zu kleiden, mit den Turbanen aus Samt in Juwelentönen, schweren Diamanten, die sie ihren Mann hatte aus der Heimat herschaffen lassen? Lag es daran, dass sie die einzige Frau in unserer Gemeinde war, die ich kannte, die sich offensiv schminkte, mit glänzenden dunklen Lidern und Lippenstift in Dunkelviolett oder Weinrot, oder an ihrer Kleidung, die aus Shantung und anderen feinen Seiden genäht war, mit diskreten Details wie Rüschen an den Schultern oder einem Trompetensaum am Rock, die von einer Nähe zur echten Mode erzählten, von der wir nur wenig wussten? Aber vielleicht entsprang meine Faszination nicht diesen Tatsachen selbst, sondern dass sie es irgendwie geschafft hatte, in einer Welt mit so klaren Regeln über das öffentliche

Erscheinungsbild von Frauen sich trotzdem, so wie sie war, zu behaupten. Als Kind hatte ich es so verstanden, dass ihr Status als Ausländerin, als Frau aus der »Alten Welt« ihr eine gewisse Nachsicht einbrachte; dass man von ihr scheinbar nicht hatte erwarten können, die Wege der Neuen Welt zu verinnerlichen.

Denn Europa war nicht fromm genug, nicht damals, als die mangelnde Frömmigkeit Gottes Strafe nach sich zog, und nicht heute, wo die verlockende Nähe zu Kunst, Bildung, Kultur und Diskurs immer noch als gefährlich gilt. In Europa konnte man sich nicht so gut abschirmen wie in Amerika, deshalb galt der europäische Jude schon seit dem Ende des Zweiten Weltkrieges als suspekt, als korrumpiert, verwässert, zurückgeblieben. Meine Tante brachte ihr Europa nach Amerika. Es umgab sie ständig viel Drama. Sie war die Böse, die meinen Onkel immer weiter von seiner Familie entfernte, die mit ihm irgendwann von dem Haus in unserer Straße erst zum anderen Ende der Stadt und irgendwann ganz weit weg in eine Exklave zog, sie verwickelte ihn in Geschäfte ihrer Antwerpener Familie, spornte ihn zum Reichtum an, und statt seine armen Geschwister mit dem Geld zu unterstützen, ließ er sich ein palastartiges Haus bauen, das wir nie besuchen durften, weil meine Familie ihren Egoismus bestrafen wollte, indem sie sich meinem Onkel komplett vorenthielt. Er wurde zum familiären Außenseiter, obwohl er die Religion genauso praktizierte wie wir. Als Paar wurden sie in der Gemeinde zu wichtigen Figuren, aber sie selbst hielten bald keinen Kontakt mehr zu seinen vielen Familienmitgliedern. Darüber wurde viel getuschelt, aber wer Geld hat, kann den Tratsch bis zu einem gewissen Punkt gut ignorieren. Mit jeder wohltätigen Spende ärgerten sich meine übrigen Tanten darüber, dass seine Großzügigkeit zuerst an Fremde ging statt an sein eigen Fleisch und Blut. Aber meinem Großvater tat diese Zerstrittenheit sehr weh, und irgendwann hatten Vermittler es geschafft, langsam, vorsichtig und bedächtig, den Kontakt wiederherzustellen.

Ich durfte an dem Wochenende dabei sein, als meine Großeltern zu ihrem Sohn fuhren, zu dem sie zehn Jahre lang keinen Kontakt gehabt hatten. Wie mir der Anblick des Hauses damals den Atem raubte, kann ich bis heute noch spüren. Mittlerweile weiß ich, es war ein klassisches amerikanisches mittelständisches Fertighaus, samt pseudokolonialen Beigaben und dem üblichen Prunk wie Panoramafenstern und einem Bonsaigarten. Aber damals war es eine nie zuvor erlebte Begegnung mit Luxus: zehn Schlafzimmer, fast alle mit »En suite«-Bädern, Marmorböden im Foyer und Blattgold an den Decken, eine Gästetoilette ganz in Schwarz, Vertäfelung aus Mahagoniholz im Wohnzimmer, Polstermöbel mit Brokatbezügen im Louis-Quatorze-Stil im Salon. Jeder mögliche Beweis eines finanziellen Überflusses kam in diesem Haus zur Geltung. Auch das lang gestreckte Schwimmbecken, das von kunstvoll gelegten Ziegeln umgeben und von den bodentiefen Fenstern in der Küche aus zu sehen war, stellte einen für mich nie dagewesenen Hedonismus dar. Wenn ich mir heute all diese Bilder, die damals einen so enormen Eindruck auf mich gemacht haben, vor Augen führe, denke ich eher mit einem gewissen Schmunzeln daran, dass das alles schon einen ziemlich schlechten Geschmack ausstrahlte, mit so viel konkurrierender Ästhetik. Aber es imponiert mir trotzdem noch, wie meine Tante es hinbekam, sich solch ein lustvolles, sinnliches Leben einzurichten, in einer Kultur, die beharrlich vorgibt, jedweden Materialismus zu verpönen. Natürlich gab es in der Gemeinde die besondere Vorliebe für die Ferragamo-Schleife an den Schuhen, für die Hermès-Signatur an den Kopftüchern, aber so eine Ausnahme machte man nur für Bräute, die bei ihrer Aussteuer einmalig verwöhnt wurden, womöglich um sie für die lebenslange Mühsal ein wenig zu entschädigen.

Seit meinem Ausstieg aus der Gemeinde hatte ich öfters an diese Tante denken müssen, die auf ihre Art und Weise auch eine Aussteigerin gewesen war, und ich war immer wieder vage neugierig darauf gewesen, eines Tages diese sagenumwobene Stadt zu besuchen, aus der sie zu uns gekommen war. Jetzt, wo ich in Berlin lebte, wurde dieser Besuch zu einer realistischen Möglichkeit. Und als ich dann vor fünf Jahren das erste Mal am Antwerpener Hauptbahnhof ankam und mich sofort mitten im Diamantenviertel befand, und in dem hinüberschwappenden jüdischen Viertel, aus dem die Händler jeden Tag zur Arbeit kamen, verstand ich augenblicklich, dass ich wieder in dem alten Schtetl war, oder genauer gesagt, in der einzigen weitgehend intakt gebliebenen jüdischen Vorkriegsgemeinde Europas. Überall um mich herum sprach man Jiddisch, die Straßen waren voll mit Läden, die Leckerbissen verkauften, die all meine Kindheitserinnerungen in mir weckten, aber es war alles noch altmodischer, schäbiger, bröckelnder, als ich es in Erinnerung hatte, auch die Kleidung sah eher wie eine Vorkriegskleidung aus, die Jungen trugen die alten osteuropäischen Käppchen, im Jiddischen »Käppl« genannt, die so aussahen wie marokkanische Fezhüte, nur in Schwarz, und ihre Schläfenlocken baumelten an ihren Schultern vorbei bis zum untersten Rippenbogen. Die Menschen sahen einerseits aus wie die auf den alten Schwarz-Weiß-Fotografien Roman Vishniacs, aber andererseits auch erstaunlich modern für »unsere« Verhältnisse. Das sah man zum Beispiel daran, dass sie Fahrrad fuhren, jung wie alt, samt ihren langen schwarzen Mänteln, ihre Hosenbeine um die Knie gebunden, ihre Waden in lange Socken gekleidet. Die Frauen und Mädchen trugen feine Stoffe, bunter und fröhlicher, als ich es aus meiner Vergangenheit kannte. Und was wirklich sehr anders war als in unserem nachgemachten Schtetl in Williamsburg war das überraschende Überlappen und Überschwappen der vielen Einflüsse dieser Antwerpener Welt: Anders als in Williamsburg war das jüdische

Viertel hier kaum von dem Rest der Stadt zu trennen, es lag mitten im Zentrum, die Juden hier verkehrten ständig und nahezu nonchalant mit den Christen und Muslimen, die ebenfalls diese geographisch gesehen äußerst kleine Metropole bewohnten. Es kam mehrmals vor, als ich damals auf den kleinen, meistens baumlosen Straßen flanierte, dass ich sowohl einer Frau in Burka als auch einem Mann mit Schtreimel begegnete. Ich musste unweigerlich an die Gespräche in Deutschland denken, wo immer wieder von No go-Zonen für Juden die Rede war, allen voran *Das Beispiel Neukölln*, wo ich selbst mein erstes Jahr in Deutschland verbrachte hatte: das Viertel ist seit Langem stark arabisch geprägt, und die Schlagzeilen erzählten regelmäßig von der angeblichen Gefahr, sich als demonstrativ bekennender Jude durch das Viertel zu bewegen. Und hier in Antwerpen schien es dieses Problem gar nicht zu geben: da diese Menschen nicht die Möglichkeit hatten, klare Trennlinien zu schaffen, hatten sie offenbar gelernt, mit der physischen Nähe zum Fremden umzugehen. Für mich als ehemalige Williamsburgerin undenkbar. War es diese Nähe, die mich diese Gemeinde als modern begreifen ließ? Oder hatte ich einfach »modern« mit »europäisch« verwechselt?

Ich war alsbald auf der Suche nach Leuten, die mir diese Stadt, von der ich erwartet hatte, dass sie sich mir auf Grund meiner Herkunft öffnen wurde, näherbringen konnte. Ich spannte mein europäisches Netzwerk aus jüdischen Kontakten ein, und bald saß ich im Büro eines älteren Diamantenhändlers, den ich einmal in Brüssel bei einer politischen Veranstaltung kennengelernt hatte. G. war selbst Holocaust-Überlebender, einer von vielen belgischen Juden, die als Kinder oder Jugendliche von katholischen Klöstern aufgenommen und versteckt worden waren. Er lebte weitgehend säkular, sprach aber immer noch ein perfektes Jiddisch. Und zwar nicht nur aus sentimentalen Gründen, wie er behauptete, sondern auch weil es für sein Geschäftsleben von Vorteil war. Schließlich war er ständig mit der Chassidischen Gemeinde in Kontakt. Obwohl als Handelspartner nicht mehr so vorherrschend wie gewohnt, seit die Jainisten ihren Marktanteil erobert hatten, war die Gemeinde trotzdem immer noch, nach so vielen Jahrhunderten, das Herz der Diamantenindustrie. Möglicherweise wollte er mir diese Nähe zu den Ultra-Orthodoxen trotz seiner eigenen »Abtrünnigkeit« beweisen, oder er wollte sich einfach ein bisschen Unterhaltung verschaffen, jedenfalls griff er zum Telefon, um seinen »Kontakt« in der Gemeinde anzurufen, einen Rabbiner, der als quasioffizieller Vermittler galt, zwischen den religiösen Juden auf der einen Seite und der belgischen Außenwelt auf der anderen. Berüchtigt geworden war er allerdings eher für seine Kooperation mit *Vlaams Belang*, der rechtsnationalistischen Flämischen Partei, und für seine unglückliche Fehlkalkulation in dieser Hinsicht, denn er hatte gehofft, sich auf diese Weise eine Ausnahmeregelung für seine Gemeinde zu sichern, als der Schritt zum Verbot des rituellen Schlachtens von Tieren getan wurde.

Der Rabbiner kam, ohne zu zögern. Ein kleiner, magerer Mann Ende fünfzig, mit einem langen Bart bis zu einer kargen Spitze, grau mit ein paar weißen Strähnen darin, ernst, aber nicht einschüchternd, mit neugierigen Augen. Ich frage ihn sofort zum Thema des koscheren Schlachtens aus.

»Die Araber schlachten hundertfünfzigtausend Kühe im Jahr, wir vielleicht dreihundertfünfzig«, kommt prompt seine Antwort, »und es läuft bei uns ja auch ganz anders ab. Die Flamen haben eigentlich kein Problem mit uns. Sie wollen es den Muslimen schwer machen.« Er glaube immer noch daran, einen Deal mit der Partei aushandeln zu können. »Nur jetzt ist es vielleicht zu früh, die haben Angst, wie Heuchler dazustehen. Aber wenn die Menschen sich beruhigt haben, dann werden sie uns eine Ausnahme erlauben. Und bis dahin müssen wir das Fleisch eben aus dem Ausland holen.«

In einer Stadt, in der die Juden in der europäischen Tradition essen, muss es schmerzhaft sein, kein *filet de canard* oder *tête d'agneau* mehr bekommen zu können. In unserer Familie hat man lange nur Hähnchen und Pute gegessen, weil es einmal einen Skandal gegeben hatte um ein Rind, das nur als koscher etikettiert gewesen war, weil der Händler so mehr verdienen konnte. Später flog die gleiche Geschichte bei einem Geflügelhändler auf, und mein Großvater aß ab dem Zeitpunkt nur noch Fisch. Aber hier war die Küche noch viel deliziöser als in Amerika.

Der Rabbiner musterte mich. »Ich weiß, wer du bist«, sagte er. »Alle kennen dich hier mittlerweile. Ich wusste also schon, dass du in unserer Stadt bist.«

»Ach ja?«

Ich war amüsiert.

»Jetzt bin ich sofort gekommen, weil ich dich unbedingt kennenlernen wollte. Antwerpen ist eine ganz andere Welt als die von Williamsburg. Hier leben wir noch wie damals. Es gibt nicht diese unnötige Strenge, mit der du aufgewachsen bist, weil der dortige Rabbiner Angst hatte, im Schatten von Manhattan keine Juden fromm halten zu können. Hier leben wir ganz ungezwungen und in Frieden miteinander. Hier würden wir dich auch wieder willkommen heißen, wenn du zu deinen Wurzeln zurückkehren möchtest.«

Ich musste innerlich auflachen. Das war also ein Bewerbungsgespräch? Er dachte, ich wäre in Antwerpen, um einen sicheren Hafen zu finden?

»Wie sieht die Gemeinde hier das Aussteigen also?«, fragte ich.

»Hier gibt es keine Aussteiger«, antwortete er stolz

und selbstzufrieden. »Unsere Gemeinde hat solche Probleme nicht.«

»Na ja«, sagte ich und zeigte auf unseren Gastgeber, »ist G. nicht eigentlich ein Abtrünniger?«

Der Rabbiner schaute nervös hinüber zu dem älteren Mann, der belustigt hinter seinem großen Schreibtisch saß.

»Also, G. ist ja als Kind von uns genommen worden. Er hat die Nazi-Zeit gerade so überlebt. Dass er nach dem Verlust seiner ganzen Familie nicht den ganzen Weg zu uns zurück findet, ist verständlich. Dennoch weiß er, dass unsere Türen immer für ihn offen stehen. Wir schließen niemanden aus.«

»Wissen Sie«, bemerkte ich, »in meiner Gemeinde gab es lange ebenfalls keine Aussteiger. Das änderte sich langsam, als die Zeiten sich änderten, als die Außenwelt es allen ermöglichte, außerhalb Anschluss zu finden. Haben Sie vielleicht einmal daran gedacht, dass der Grund, warum Ihre Gemeinde das Problem des Aussteigens angeblich nicht kennt, darin liegen könnte, dass es in der belgischen Gesellschaft möglicherweise nicht so leicht funktioniert, sich eine neue Identität zu verschaffen? Ihre Aussage ist für mich eher ein Schuldspruch für die Mehrheitsgesellschaft als ein Freispruch für die Ihre.«

Der Rabbiner wurde rot und erhob sich, um zu gehen. »Warum haben Sie nicht gleich gesagt, dass Sie gar nicht vorhatten, sich mit uns zu versöhnen!«

G. schloss die Tür sachte hinter ihm und wartete einen Moment, bevor er in Gelächter ausbrach.

»Es wäre wirklich ein Coup für ihn gewesen, wenn er es geschafft hätte, die schlimmste Aussteigerin aller Zeiten zu bekehren.«

»Es tut mir leid, ihn so enttäuscht zu haben«, sagte ich. »Immerhin war er ja bereit, mir entgegenzukommen.«

G. betrachtete mich. »Deborah, weißt du, ich treffe mich einmal im Monat mit einer Gruppe von Männern, die allesamt wie ich den Holocaust als Minderjährige überlebt haben. Wir sind alle säkular, aber wir treffen uns, um miteinander auf Jiddisch zu reden, weil wir sonst in unserer Welt kaum die Gelegenheit dazu haben, unsere Muttersprache einzusetzen, und wir wollen uns dafür nicht auf die Orthodoxen verlassen, die ja bekanntlich den ganzen Humor und ›Schmutz‹ aus der Sprache geschrubbt haben. Du wärst die erste Frau an unserem Tisch, aber ich glaube, sie würden sich alle sehr freuen, mit jemandem aus der jüngeren Generation, der nicht fanatisch angelegt ist, Jiddisch sprechen zu können.«

Die Gruppe trifft sich bei einem berühmten alten Italiener an De Keyserlei, immer am selben langen Tisch vor den bodentiefen Fenstern in der obersten Etage, mit Blick auf den großen Platz vor dem Hauptbahnhof. Als ich eintreffe, erheben sich alle Männer von ihren Plätzen in einer Geste der Galanterie, stellen sich alle persönlich vor, mit roten Wangen und schüchternem Lächeln, sie nehmen meine Hand in die Wärme der ihren, und ich fühle mich sofort wohl aufgenommen, als Teil der Familie. Die Kellner scheinen die Männer alle schon lange zu kennen, scherzen mit ihnen auf familiäre Art herum, beäugen mich mit amüsierter Skepsis. Es braucht ein wenig, bis ich mich ins Jiddische hineinfinde, so lange habe ich mein Hirn dressiert, um die alten Worte des Dialekts in ihre hochdeutschen Pendants umzuwandeln. Aber als ich meine alte Sprache wieder höre, kommt sie langsam, aber instinktiv hoch, wie ein Springbrunnen, der nach langem Versiegen wieder an die Arbeit geht. Meine Tischkameraden machen sich lustig über meinen Akzent, der so eindeutig *Satmar* ist, also Ungarisch, mit den »Ei« statt den »Ä« und die fromme Art, die vielen Amerikanismen. Aber diese Belustigung scheint auch einer Art Nervosität zu entspringen, wie mit so einer Exotin, wie ich es bin, umzugehen ist. Immerhin sind dies Männer zwischen fünfundsiebzig und neunundachtzig, die sich seit sehr vielen Jahrzehnten immer nur unter sich getroffen haben, niemals ihre kleine private Welt für andere geöffnet haben, um sich nun für eine

Beobachtung von außen in ihren authentischsten, verletzlichsten Momenten zu zeigen. Sie überbieten sich gegenseitig darin, mich anzuflirten oder mir die Welt zu erklären. Sie wirken auf mich wie Männer, die für eine Stunde wieder zu Kindern geworden sind. Es ist rührend, und ich fühle mich sehr privilegiert, in ihrer Gesellschaft sein zu dürfen. Ich bin von Menschen ihrer Generation großgezogen worden, und die Nähe zu ihrer erlebten Welt hat mir anscheinend mehr gefehlt, als ich es wahrhaben wollte.

Ein Mann insbesondere macht einen starken Eindruck auf mich, ich nenne ihn hier S. Er ist auch im Diamantenumfeld unterwegs, wie fast alle am Tisch. Er wohnt auch in Brüssel, pendelt aber jeden Tag nach Antwerpen und zurück, wie es alle säkularen Juden im Handel machen, erklärt er mir. S. scheint der jüngste unter den Männern zu sein; obwohl das Jiddische auch seine Muttersprache ist, hatte er es sich später erst wieder langsam aneignen müssen. Was S. so interessant macht, ist seine politische Karriere. Er war einmal der linke Bürgermeister dieser Stadt, er war, in der Zeit der Radikalen, selbst ein Radikaler. Er habe seine Kinder dazu erzogen, sich als Menschen in der Welt wahrzunehmen. Heute mache er sich Sorgen, dass sie keine Verbindung mehr zu seiner Herkunft verspüren.

»Ich habe einen Fehler gemacht«, beichtet er mir. »Ich habe ihnen nichts mitgegeben außer dem, was damals dem Zeitgeist entsprach. Sie wissen nicht, wer sie sind. Und sie sagen, dass das, was ich zu bieten habe, nämlich den Zionismus oder den Holocaust, ihrer sonstigen Erziehung widerspräche und keinen Platz in ihrer Weltanschauung mehr fände. Und die Orthodoxie kommt ja eh nicht in Frage. Ich muss sagen, ich finde es, je älter ich werde, so bestürzend, dass nichts geblieben ist, was wir den jungen Menschen weitergeben können. Ich treffe mich hier einmal im Monat, um Jiddisch zu sprechen, aber wenn wir alle tot sind, wer wird dann diese Sprache noch sprechen, außer die Fanatiker? Die Fetischisten in den Universitäten vielleicht, die das Aussterben einer Sprache so romantisch finden, weil sie sich als deren Retter inszenieren können?«

»Ich verstehe schon, was du meinst. Ich sehe auch für mich keinen Weg, an eine jüdische Identität anzuknüpfen, die mit meiner sonstigen säkularen, humanistischen, liberalen Einstellung zu vereinbaren wäre. Die Praxis einer Religion steht für mich außer Frage, die Besessenheit mit der Geschichte kommt mir meistens wie eine Verblendung der Gegenwart vor, und der Zionismus erscheint mir als eine Verklärung der Realität. Wahrscheinlich sitze ich deshalb hier heute bei euch, weil es für mich die einzige verträgliche Begegnung mit meiner Identität darstellt: eine Begegnung der Sprachen – und der damit einhergehenden Assoziationen.«

Das Erste, woran ich denken muss, als ich durch die strenge Sicherheitskontrolle auf dem *Herzlberg* bin, ist der Schabbat meiner Kindheit, als die Frauen meiner Familie sich in Seide und mit Perlen kleideten, ihre Perücken bürsteten, ihre Mäntel mit den Nerzbesätzen über ihre Schultern legten und so herausgeputzt gemächlich durch die plötzlich leeren Straßen spazierten. Obwohl wir in New York lebten, kam jede Woche eine Stille über unser Viertel in Williamsburg, die mit einer Großstadt eigentlich nicht vereinbar ist, und nun auf dem Weg zur *Yad Vashem*-Zeremonie, zum jährlichen Tag des Gedenkens an die *Shoah*, fühlt es sich wieder so an, als würde eine Stille über den Berg hereinbrechen wie eine Welle, wuchtig, plötzlich, unwiderstehlich.

Vor dem Eingang parken reihenweise große Busse, die ihre feierlich gekleideten Insassen entladen; sie werden von freundlichen Helfern empfangen, die ihnen den Weg zur Schlange weisen, die wie im Flughafen eingerichtet ist. Manche Gruppen werden vorgezogen, auch ich habe das Glück, als Teil des deutschen Freundeskreises von *Yad Vashem* vorbeigeschleust zu werden. Ich habe mich wie alle entsprechend gekleidet, seriöses schwarzes Popelinkostüm, schwarze Schuhe, ein weißer Mantel dazu, weil es abends auf dem Berg sehr abkühlen soll. Als ich mich mit der Masse nach vorne bewege, alle ernst und schweigsam, fühle ich mich wie auf dem Weg in die Synagoge, als wäre dieser Abend so heilig wie *Yom Kippur.* War das auch so, als die Pilger vor den Tempeln warteten, um Opfer zu erbringen?

Ich denke nun daran, dass im Gegensatz zu dieser Feierlichkeit meine ultra-orthodoxe Gemeinde in Williamsburg keinen besonderen Gedenktag für den Holocaust hatte. Wir hatten so viele ernste Fastentage, die an Zerstörtes und Erlittenes erinnerten, so viele Feiertage, die äußerst bescheidene Triumphe zelebrierten; das ganze Jahr war voll von festlichen Erzählungen vom Überleben und Überstehen der schlimmsten Verfolgungen, und obwohl der Alltag an sich vom Holocaust durchtränkt war, hatten wir keinen einzigen spezifischen Tag, der dafür vorgesehen war, keine Zeremonie, um sich vielleicht an den dreihundertvierundsechzig anderen Tagen ein wenig zu entlasten. Heute denke ich, das hat viele Gründe. Einer wird sicherlich sein, dass die Geschichte noch so präsent war, dass die Überlebenden, die unsere Gemeinde gründeten, noch zu nahe dran waren, um so etwas auszuhalten. Denn Gedenken ist für die, die schon einen gewissen Abstand haben. Gedenken ist etwas, was man tut, wenn das Vergessen schon droht. Und bei uns in Williamsburg konnte man den Holocaust nie für einen einzigen Moment vergessen. Vielleicht hätte ein Gedenktag dieses

Vergessen sogar erleichtert, hätte uns einen Anlass gegeben, an anderen Tagen nicht so oft daran denken zu müssen. Von daher glaube ich, es lag eher daran, dass wir uns keinen Gedenktag gegönnt haben. Es war zu früh, das Leid unserer überlebenden Familienmitglieder in einem formalisierten Ritus zu versteinern.

Woran ich mich eigentlich erinnere, ist das Schweigen an *Yom HaZikaron*, dem Tag der Erinnerung, der von Israel zum Feiertag erklärt, aber von uns nicht eingehalten wurde, der Tag, der direkt vor dem Israelischen Unabhängigkeitstag kommt, damit die Erinnerung in die Unabhängigkeit fließt, damit es so deutlich wie möglich wird, dass die Staatsräson auf der Erinnerung fußt, denn obwohl wir diesen Tag ausdrücklich nicht feierten, weil Israel uns nicht zu sagen hatte, was und wann etwas zu feiern sei, schwiegen wir dennoch demonstrativ: wir hielten uns von der Erinnerung an diesem einen Tag quasi zurück, um nicht unbeabsichtigt mit Israel an einem Strang zu ziehen. Am zweiten Mai 2006, als mein Sohn unerwartet früh zur Welt kam und wir die Geburtsurkunde im Krankenhaus ausfüllen und unterschreiben mussten, sagte der Kindsvater zu mir lapidar: im Hebräischen Kalender ist heute der israelische Holocaust-Gedenktag. Aber wir behielten es natürlich für uns. Da das erste Kind bei uns den Namen mütterlicherseits erhält, nannte ich meinen Sohn nach dem Bruder meines Großvaters, der den Holocaust überlebt hatte. Es gibt strenge Regeln zur Namensgebung in der religiösen Welt, die mir heute etwas abergläubig vorkommen: man darf ein Kind nicht nach einem lebenden Menschen nennen, es darf auch keinen beliebigen, weil gefällig klingenden Namen erhalten, es muss immer nach einem verstorbenen Familienmitglied oder in manchen Fällen nach einem Rabbiner genannt werden (wenn man beispielsweise schon sein zehntes Kind bekommen hat und es gehen einem die Namen aus). Es würde sich eine spirituelle Verbindung auftun zwischen Namensträger und Namensgeber, so glaubt man; dies würde das Schicksal des Kindes beeinflussen. Und obwohl es in meiner Welt die absolute Norm war, nach den Opfern des Holocausts benannt zu werden, um ihr ausgelöschtes Lebenspotenzial stellvertretend zu realisieren, wusste ich, dass ich für mein Kind keinen Namen eines Märtyrers, eines Opfers, wollte, sondern den eines Überlebenden. Davon gab es nicht sehr viele, zu der Zeit lebten noch fast alle von ihnen. Es kam nur dieser Großonkel in Frage; aus irgendeinem unerklärlichen Grund hatte noch keiner seinen Namen für sich beansprucht, obwohl meine Großeltern schon mehr als sechs Dutzend Enkelkinder ihr Eigen nannten und er schon zwanzig Jahre zuvor verstorben war. Ich hatte ihn nie kennengelernt, aber ich wusste, er war für seinen Humor bekannt gewesen, worum mein Großvater ihn offensichtlich sogar ein wenig beneidet hatte, aber was mich an meinem Großonkel von klein auf immer fasziniert hatte, war die Geschichte seines Überlebens, diese mysteriöse Art und Weise, wie es ihm und seiner Ehefrau mit ihrem neugeborenen Kind gelungen war, dem Lager Mauthausen weitgehend unversehrt zu entkommen und nach dem Krieg wieder zueinanderzufinden und eine große Familie in Amerika aufzubauen. Mein Sohn kam zur Welt am Tag der Erinnerung, und ich nannte ihn nach einem Mann, der davongekommen war. Isaac, oder *Yitzchak* auf Hebräisch, heißt »zum Lachen bringen«, weil Sarah, die Ehefrau von Abraham, nur noch lachen konnte, als ein Engel sie mit neunzig Jahren besuchte, um ihr zu berichten, dass sie nun endlich einen Sohn bekommen würde. Sie glaubte dem Engel nicht, bekam das Kind trotzdem und ließ seinen Halbbruder Ismael und dessen Mutter prompt vertreiben. Als das Kind noch ganz klein war, befahl Gott Abraham, seinen Sohn auf einem Altar zu opfern, zog aber in der letzten Sekunde zurück. Z., meine Bekannte mit den palästinensischen Wurzeln, erzählte mir einmal, die Muslime würden die gleiche Geschichte erzählen, aber eben mit Ismael als Opfergabe. Jedenfalls beginnt die Geschichte mit dem Opferbringen ganz früh. In der Tempelzeit hatte man nur Tiere geopfert, keine Menschen, aber das Wort *Holocaust* bedeutet »verbranntes Opfer«, es ist ein Hinweis auf die tausend Jahre, in denen man Gott mit dem Erbringen von Opfern besänftigen musste, es ist eine Rückbesinnung auf das Kind Isaac, das das Messer von Abraham ergreifen wollte, um sich selbst den Hals aufzuschlitzen, entweder aus Empathie mit seinem Erzeuger oder aus Sorge vor dessen Zögerlichkeit, und obwohl Gott sich damals in letzter Sekunde gemeldet hatte, um die Sache abzusagen, hatte er dieses Mal lange auf sich warten lassen, und dann war es fast schon zu spät gewesen, fast war das ganze Opfer erbracht, fast blieb nichts mehr, fast.

Dass dieser Tag auch *Yom HaShoah* heißt, ist nur eine Abkürzung. Eigentlich heißt er im Vollen *Yom HaZikaron HaShoah V'haGevurah,* wortwörtlich *Tag der Erinnerung an die Shoah und das (jüdische) Heldentum,* in sich ein Widerspruch, der sich in der gesamten gegenwärtigen jüdischen Identität spiegelt: das Volk als zu Asche verbranntes Opfer, aber zugleich als Held, das aus dem alten Verhältnis zwischen dem Gottergebenen und dem Gott selbst endgültig aussteigt, sich von der Dynamik der Besänftigung und Passivität befreit. Heute heißt Jude sein Opfer sein und Triumphierender zugleich. Juden sind einerseits eine diskriminierte Minderheit, andererseits eine politisch einflussreiche Macht. Aber die Positionen werden größtenteils getrennt voneinander verhandelt. Nur in dem Namen dieses Tages werden sie klar vereint. Dieser Tag soll nur an das Vergangene erinnern als etwas Abgeschlossenes, Unwiederholbares, Beendetes: es ist ein endgültiger Abschied von der Verfolgung, die so lange auf Grund der religiösen Überzeugung ausgehalten wurde, und es ist auch ein Abschied von Gott und Vater, eine letzte Niederbrennung des jüdischen Erbes, ein Opfer für alle Opfer.

In der Kantine links hinter dem Eingang, wo manche sich noch schnell mit Tee und schwarzem Kaffee aufwärmen, gibt es Tische mit Schildern, die Herkunftsländer aufzeigen, da sitzt man mit allen zusammen, die aus demselben Land kommen wie man selbst. Unser Tisch, Deutschland, ist ganz hinten, so unauffällig wie möglich, denn eine deutsche Präsenz ist hier neu, zum ersten Mal ist eine hochrangige Repräsentantin aus Deutschland dabei, Bärbel Bas, die Bundestagspräsidentin. Am Holocaust-Gedenktag gibt es jedes Jahr ein besonderes Thema der Erinnerung, einen speziellen Fokus, dieses Jahr geht es um die Deportationen an sich, es geht um die Züge, die direkt zu den Massakern fuhren, die Frachtwaggons, die ihr Menschengut in Todeslagern entluden; deshalb ist dieses Jahr auch der Chef der Deutschen Bahn anwesend; wir sitzen nun alle zusammen in einer Reihe vor der großen Bühne, in der deutschen Reihe, und als ich meinen Platz einnehme, höre ich hinter mir, wie eine Gruppe offensichtlich wohlhabender jüdischer Amerikaner und Amerikanerinnen, wahrscheinlich bedeutsame Spender, da wir uns sehr nah an der Bühne befinden, aufgeregt flüstern; ich höre, wie sie von allem, was sie schon gesehen haben und noch sehen werden, erzählen, wie sie über ein Land reden, das sie eigentlich als nah und familiär wahrnehmen wollen, obwohl ihre verwunderten Aussagen unbestreitbare Befremdung ausstrahlen, die sie mit Mühe zu übertönen versuchen. Sie reden Englisch mit diesem Ostküsten-Akzent, den man aus den prestigereichen Milieus kennt.

Es dunkelt schon, als die Zeremonie endlich beginnt. Es gibt die üblichen Kaddisch-Gebete, die ich mittlerweile noch besser kenne als in meinen jüngeren Jahren, weil sie bei jeder Holocaust-Gedenkveranstaltung in Deutschland gesprochen werden, und mit meinen siebeneinhalb Jahren in Deutschland habe ich wahrlich schon sehr viele solcher Veranstaltungen besucht, vielleicht bin ich deshalb etwas reserviert, was den heutigen Abend angeht, denn ich weiß nicht, was Israel meinen Erfahrungen in dieser Hinsicht noch hinzufügen könnte.

Eine große Fackel wird angezündet, es folgt eine würdevolle Rede von Staatspräsident Isaac Herzog, danach singt eine junge Frau ein Lied auf Hebräisch, obwohl es aus dem Jiddischen übersetzt ist, das weiß wahrscheinlich nur ich, die Zeilen stammen vom berühmten jiddischen Lyriker und Dichter Abraham Sutzkever. Die letzten Klänge verweilen ein bisschen, sie erzeugen eine feierliche, ernste Stimmung, und nachdem ihm die Pause lange genug erscheint, schreitet Premierminister Naftali Bennett zur Bühne und schlägt einen ganz anderen Ton an. Er ist bombastisch, ein deutlicher Kontrast zu Herzogs ruhigen Worten, aber gut, was sonst würde man von ihm erwarten, denke ich. Ob es der unwahrscheinliche Koalitionspartner Lapid überhaupt auf diese Bühne schafft? Ich bezweifele es sehr. Als Bennett dem Publikum erklärt, es gäbe das Land Israel, damit jüdische Kinder sich nicht mehr in Kellern verstecken müssen, kneife ich meine Begleitung neben mir. Berlin ist gerade vollgelaufen mit jüdischen Flüchtlingen aus der Ukraine – nicht nach Israel sind sie geflüchtet, sondern nach Deutschland, dem Land des Holocausts, weil hier die politische Positionierung zwar stärker ausfallen könnte, aber vorhanden ist und im Vergleich zum lauten Schweigen Israels sicherlich vielversprechender und willkommensfreudiger. In Wahrheit ist nichts anders als früher, es müssen noch überall Kinder um ihr Leben fürchten, jüdische und nicht-jüdische, israelische und palästinensische – das große Versprechen hat sich nicht eingelöst.

»Er hätte ›israelische Kinder‹ sagen sollen, nicht ›jüdische‹«, flüstere ich in einer kurzen Pause meinem Sitznachbarn ins Ohr. »Aber es ist der Holocaust-Gedenktag. Das verstehe ich schon.«

Es geht hier darum, den Staat Israel zu legitimieren, und diese Zeremonie ist dafür da, um dies jedes Mal wieder neu zu begründen und abzustützen. Das Vergangene ist eingefroren, und der Bezug zu ihm genauso. Nur so kann man die Gegenwart leugnen, von sich fernhalten. Man überstülpt sie mit der Vergangenheit und erspart sich den Blick darauf.

Mein Freund Levi hatte mir einmal erzählt, in Israel sei der Holocaust wie eine Popkultur-Ikone. Ich hatte ihn damals nicht verstanden. Ich musste an Madonna und Debbie Harry denken, weil er »Pop« sagte, und fand den Vergleich etwas schräg. Ich hielt seine Aussage für die typische Blasphemie eines Künstlers, der sich nicht um Tabubrüche und Provokationen schert. Aber jetzt verstehe ich langsam, was er damit meinte, auch wenn ich es anders formulieren würde: Wenn etwas Pop ist, erreicht es mit kulturellen Medien wie Bildern, Musik, Mode die breite Masse der Gesellschaft, es stellt Praktiken und Überzeugungen her, die eine unbestreitbare Dominanz im Alltag einnehmen, und sickert deshalb in die Gefühlslandschaft der Menschen ein, sodass alles, was geschaffen wird, auf dieser Grundlage basiert. Und ja, in Israel ist es mit dem Holocaust nicht anders. Ich muss automatisch den Vergleich zu Deutschland ziehen, wo der Holocaust auch überall und ständig ein Thema ist und trotzdem keiner wirklichen Popkultur gleicht – aus nachvollziehbaren Gründen wahrscheinlich –, aber schon nahe daran kommt. Ist das wirklich das höchste Ziel der Erinnerung? Dass sie zum massentauglichen, leicht verdaulichen Symbol reduziert wird, um überall im Alltag Platz einnehmen zu können, um für gegeben genommen zu werden, um zu einer selbstverständlichen Grundlage zu werden, mit der sich niemand mehr ernsthaft und kritisch beschäftigen muss, weil sie wie in Stein gemeißelt ist?

Es ist schon ganz dunkel. Eine frische Brise weht zu uns herüber, schleicht um unsere Knöchel, um unsere Nacken herum. Man zieht die Mäntel über die Schultern, faltet die Arme über der Brust. Nun richtet sich unsere Aufmerksamkeit links auf eine hohe Nebenbühne mit sieben Fackeln, hinter welchen sieben Holocaust-Überlebende sitzen, die weit über unsere Köpfe hinwegschauen. Jeder und jede von ihnen hat ein Familienmitglied dabei, etwas zurückgesetzt, womöglich als Unterstützung oder Rückhalt. Während auf dem großen Bildschirm im Hintergrund ein Film läuft, worin sie ihre jeweiligen Geschichten erzählen, zünden sie einer nach dem anderen eine Fackel an. Shaul Spielmann, der Mann mit demselben Nachnamen wie mein bayerischer Urgroßvater mütterlicherseits, weswegen ich die deutsche Staatsbürgerschaft habe, hat Auschwitz nur mit Hilfe von Wundern überlebt, später meldete er sich bei der *Palmach* und kämpfte in allen israelischen Kriegen bis zum *Yom Kippur*-Krieg. Er bekennt sich in dem Film ausdrücklich zum Staat Israel, und man sieht Bilder von ihm in Uniform, seine Hand militärisch salutierend, während er unten auf der Bühne das Feuer entzündet. Man zählt seine vielen Kinder und Enkelkinder auf. Hinter mir schluchzt die Amerikanerin, die vorhin so viel über ihre touristischen Eindrücke erzählt hat, aber ich bin noch seltsam unberührt, als hätte ich mich schon im Voraus dagegen gewappnet, von irgendeiner unsichtbaren Kraft zu Gefühlen manipuliert zu werden, die anderen nützlich sein könnten.

Ich bin komischerweise auf der Hut, für irgendwelche Causae eingenommen zu werden.

Ich bin unangemessen zynisch, ich denke, hier werden Überlebende ausgebeutet, wie meine Großeltern immer verbittert sagten, nämlich dass die Juden aus Europa Israel nur in dem Sinne nützlich wären, als sie ihnen einen politischen Grund für ihre Machtübernahme lieferten, ansonsten wären sie überflüssig, sogar eine Belastung. Ich denke an die traurige Geschichte von dem Holocaust-Überlebenden Aharon Appelfeld, der in seinem Buch *Geschichte eines Lebens* beschreibt, wie Israel ihn als Waisenkind aufnahm und ihn gewaltsam geformt hat, ihm das »richtige jüdische Leben« eingetrichtert hat, ihm seine Haltung zu seiner Herkunft abgesprochen und zu seiner Vergangenheit umgedeutet hat. Und doch sind es hier unfassbare Geschichten, die erzählt werden, man versteht, dass jedes Überleben eine ganze Welt bedeutet, eine ganze Reihe an Wundern erfordert hat, die Zweifel legen sich unvermeidlich, auch bei solchen Zynikern wie mir. Rebecca aus Holland, die erst in Amsterdam studiert hat, bevor sie endlich nach Israel ausgereist ist, Moshe aus Budapest, der später ein *Kibbuznik* wurde, Beni aus Libyen, der viele wichtige Gebäude in Israel errichtet hat, Zvi, aus einer wohlhabenden orthodoxen Familie aus Polen, der später gemeinsam mit seiner Mutter im Unabhängigkeitskrieg kämpfte, Shmuel aus Krakau, der später einer von Eichmanns Wächtern wurde, Ari, schon in Litauen ein Zionist, der sich noch früh einschmuggelte, um Soldat zu werden, alle erzählen sie, was das Land Israel für sie bedeutet, alle auf unterschiedliche Art, und es ist wahrhaftig, es ist glaubwürdig, alle im Publikum schweigen, sitzen gerade auf ihren Stühlen, keiner ist abgelenkt oder unberührt. Und dann kommt Olga. Ich merke schon auf, als sie ihren Geburtsort nennt, Újfehértó in Nordost-Ungarn, das ist der Geburtsort meines Großvaters väterlicherseits, ein paar Kilometer entfernt vom Geburtsort seiner Ehefrau, also meiner Großmutter. Ich war schon da, ich habe den Ort gesehen, plötzlich nimmt diese Geschichte Konturen an, Farbe, Gerüche, als wäre sie eine eigene Erinnerung. Olga redet mit diesem Akzent, den ich so gut aus meiner Kindheit kenne und schon sehr lange nicht mehr gehört habe, und es ergreift mich sofort, es ist, als würde ich meine eigene, schon verstorbene Großmutter hören dürfen. Ihr Schicksal ist auch fast das gleiche, die Deportation nach Auschwitz Anfang 44, der Verlust der ganzen Familie an einem einzigen Tag – und hier bricht sie ab, sie kann die Worte nicht aussprechen, die ich schon so gut kenne – sie kann nicht »vergast« sagen, sie schaut zu irgendjemandem hinter der Kamera und sagt: *Muss ich es erzählen? Bitte zwingen Sie mich nicht, es zu erzählen.*

Ihre Worte rauben mir den Atem. Während ich zuhöre, bin ich in angespannter Erwartung auf die Kante meines Stuhles vorgerückt. Ich sehe ihre zusammengesackten Schultern, ihr tieftrauriges Gesicht, ihre Augen, die nun niedergeschlagen auf ihre sich immer wieder faltenden Hände gerichtet sind, und diese Momentaufnahme, die jetzt lange auf dem Bildschirm bleibt, weil keiner daran dachte, sie aus dem Film zu schneiden, sondern im Gegenteil, diese Trauer, diese Verzweiflung, musste unbedingt in Szene gesetzt werden, ihre Wucht entfalten – sie ist für mich wie ein Faustschlag in meinen Bauch, mir ist so, als würden sie es mit meiner eigenen Großmutter tun, sie zum Erzählen zwingen, und dann diesen intimen, privaten Schmerz, den sie lebenslang gehütet hat, vor so vielen Menschen bloßstellen, und ich kann sie nicht mehr auseinanderhalten, die Olga und meine Großmutter, ich möchte laut aufschreien, dass jemand den Film stoppen muss, damit der Bildschirm endlich wieder schwarz ist, vor allem um nicht mehr diesen Schmerz erleben zu müssen, aber stattdessen bersten endlich die Tränen aus meinen Augen. Das Ziel ist erreicht, denke ich dann, egal mit welchen Mitteln. Um mich herum schauen alle mit weiten Augen, als würden sie es auch versuchen: entweder mit den Tränen oder mit deren Unterdrückung. Olgas Tochter erhebt sich aus dem Dunkeln und zündet für ihre Mutter die Fackel an, und Olgas Gesicht verschwindet hinter den Flammen.

Nachher gibt es trockene Kekse und Biskuitkuchen, Kaffee aus großen Samowaren, wie beim typischen »Ausfasten« in den Synagogen meiner Kindheit, ein bekömmliches Essen für einen schon lange leeren Magen. Wieder hinten an dem Tisch der Deutschen, in einer unscheinbaren Ecke. Die Amerikanerin am Tisch schräg gegenüber, die vorhin hinter mir saß, weint nun in den Armen ihres Mannes. Ich höre, wie sie laut und panisch immer wieder den einen Satz auf Englisch wiederholt: *We cannot forget what they did to us! We cannot forget what they did to us!* Wir dürfen nicht vergessen, was sie uns angetan haben! Die Betonung fällt mal auf das eine, mal auf das andere Wort: *cannot, forget, did,* und dann, *to us, to us, to us*! Und ich stolpere über dieses *us*, dieses *uns*. Wer ist dieses »Wir«, das so darin geübt ist, den Schmerz der Anderen für uns selbst zu beanspruchen? Und wenn es uns nichts mehr nutzt, werden wir uns dann noch an diesen Schmerz erinnern? Werden wir ihn in anderen erkennen und etwas tun, um ihn zu lindern? Ich fürchte, indem wir den Schmerz geheiligt haben, haben wir uns vom Wahrnehmen aller anderen Schmerzen befreit.

Am nächsten Morgen werden die Kränze niedergelegt. Es scheint eine gnadenlose Sonne auf unsere schwarze Kleidung, wir brüten schweigsam und langmütig. Ich freue mich auf die Führung, damit ich ab und zu den Schatten eines Baumes genießen kann, während wir uns das Gelände anschauen.

Yad Vashem beansprucht eine große Fläche, die gesamte Spitze eines hohen Berges, und überall gibt es weite, satte Ausblicke auf eine übernatürlich wirkende Stadt. Wir schreiten von Denkmal zu Denkmal, von Baustelle zu Baustelle, denn die Institution ist stets dabei, sich auszuweiten und umzugestalten, sie ist eine Siedlung, die immerzu wächst. Auch deutsche Konzerne haben für neue Bauten gespendet, jetzt sollen ihre Repräsentanten die Ergebnisse ihrer Investitionen zu sehen bekommen. Und danach zeigt man uns Deutschen endlich das Denkmal zur Deportation, quasi das Denkmal des Jahresthemas. Es ist ein Frachtwaggon, wirklich einer von denen, die bei den Deportationen eingesetzt worden sind. Er steht auf einem kurzen Stück Gleis, das sich vom steilen Berghang hinaus über das weite Tal erstreckt, und der Waggon schwebt in der Luft über dieser unendlichen Fallhöhe. Unser Guide zeigt auf die Bäume, die um das Denkmal herum hochwachsen dürfen, er macht uns darauf aufmerksam, dass hier die einzige Stelle ist, wo sich Bäume in unsere Sichtachse drängen, um die Aussicht auf die Stadt zu versperren, und erklärt, unten im Tal würden Holocaust-Überlebende wohnen, die es nicht aushielten, aus ihren Fenstern täglich diesen Waggon sehen zu müssen, in dem sie solche Qualen erleiden mussten. Deshalb habe man die Bäume eingepflanzt, erzählt er. Damit sie das Denkmal nicht sehen müssen.

Später begleiten wir eine deutsche Archivarin, die schon lange in Israel lebt, in den kühlen, klimatisierten Keller hinunter, wo die Dokumente und Objekte aufbewahrt werden. Sie erklärt uns, wie die Arbeit von *Yad Vashem* funktioniert, präsentiert uns Beispiele von Akten und Gegenständen. Chaim Gärtner, zu der Zeit noch der Chef von *Yad Vashem* in Israel, selbst praktizierender Jude und Kind von Holocaust-Überlebenden, zeigt unserer Gruppe sein persönliches Lieblingsobjekt: ein kleines Blatt Papier, worauf hebräische Wörter in eine selbst gezeichnete Tabelle mit Bleistift gekritzelt wurden. »Es ist in Buchenwald gefunden worden«, erklärt er uns, »und schließlich bei uns gelandet. Könnt ihr euch denken, was es ist?« Er geht langsam durch die Gruppe, jeder bekommt einen nahen Blick, niemand scheint einen Sinn darin erkennen zu können, dann ist das Blatt plötzlich vor meinen Augen, und es ist bittersüß zu sehen, wie sehr es den Hausaufgaben meiner Kindheit ähnelt. »Ein Kalender?«, frage ich. »Richtig, ein Kalender«, antwortet Chaim.

Er sagt, dieses Blatt Papier sei für ihn das wichtigste Fundstück gewesen, das ihm vieles greifbar gemacht habe, was die große Geschichte nicht schaffte. Denn dass jemand versucht, unter den Bedingungen des Lagers einen jüdischen Kalender zu führen, das zeige, wie menschlich man doch in unmenschlichen Zuständen bleiben wollte, wie sehr man sich an seine Identität und einen Lebenssinn klammerte, wie viel Hoffnung und Freude man noch fürs zukünftige Leben hegte, sodass man sein Gespür für die Zeit nicht verlieren wollte, seinen Bezug zu dem festlichen Rhythmus des jüdischen Jahres nicht geschwächt sehen wollte. *Yad Vashem* sei für Menschen eine Ressource, sagt Chaim, genau auf solche Erinnerungen zu stoßen, die einem das große Ganze greifbar mache; für jeden sei etwas da, jeder fühle sich unterschiedlich angezogen, aber jeder finde hier einen Anschluss zur Geschichte, auf persönlicher Ebene. Denn Erinnerung könne eigentlich gar nicht kollektiv stattfinden, sie sei eine einsame, individuelle Leistung, die wir nur für uns selbst erbringen könnten. Und ich stimme ihm innerlich zu, ich denke genauso, die Erinnerung ist etwas Einsames, etwas, was kaum geleitet oder auferlegt werden kann, sie muss von innen kommen, sie muss erINNERN. Das Wort ist mir auf Deutsch viel näher als das englische *remember*.

Ich hatte noch im Herbst 2014, kurz vor meinem Umzug nach Berlin, mit dem Deutschlernen angefangen und teilte mir damals die Sprache in zwei Kategorien auf: vertraut und fremd. Denn manche Wörter waren ihren jiddischen Pendants so ähnlich, fast gleich, andere Verwandtschaften leuchteten ebenfalls ein, wenn nicht direkt auf Anhieb, dann nach ein bisschen grübeln: So gab es *erzählen* statt *derzeilen*, *reden* statt *redden*, *aushören* statt *ausheren*… ich musste die Vokale und Präfixe mal mehr, mal weniger anpassen, die

Aussprache justieren, und schon hatte ich mir diese neu-alte Sprache zu eigen gemacht. Dann aber gab es die neuen »fremden« Wörter, fremd nur insofern, als dass sie so klangen, als hätte ich sie kennen *müssen*, ihre Bausteine an sich waren mir meist vertraut, aber ihre Gesamtbedeutung blieb mir komischerweise verschlossen, wie etwas, woran man sich zu erinnern weiß, ohne aber dies tun zu können. So war es mit »Erinnerung«, es rief bei mir keine emotionalen Assoziationen hervor, es stieß auf keine intuitiven Reflexe, aber da waren die Bausteine doch, »er« und »innern«, die sollten mir was sagen, und ich fragte meinen Lehrer: Ist das so was wie *internalize*, »verinnerlichen«?

Im Jiddischen gibt es nur zwei Worte für das Erinnern, das eine ist »gedenken« und das andere »dermannen«. »Gedenken« ist etwas eleganter, es spricht für die nostalgische Rückbesinnung, man nutzt es, wie man im deutschen Alltag das »Erinnern« nutzt, aber »dermannen«, das ist, wenn man sich oder jemanden an etwas erinnert, und ja, da hört man es raus, dass es von dem deutschen »ermahnen« stammt, man mahnt sich also eines Wissens aus der Vergangenheit, um in der Gegenwart entsprechend handeln zu können. Im Vergleich zu »gedenken« hat »dermannen« eine leicht negativ gefärbte Konnotation, sie impliziert Zwang, sei es von Innen oder von Außen, man kann sich auch selbst an etwas »dermannen«, aber nur wenn man es so will. »Gedenken« kommt aus dem Unterbewusstsein, es ist spontan, aber sanft, man verfügt dennoch nicht darüber, auch wenn man meint, es zu tun.

Ich fragte damals meinen Lehrer zu beiden Worten aus, ich wollte sichergehen, dass ich sie noch behalten konnte, dass ich sie nicht aufopfern musste, in einem Austausch für das neue »Erinnern«, meine Instinkte sagten mir damals, ich müsse so viele Worte wie möglich in meinem Besitz sammeln, ich ahnte vielleicht, dass ich in eine Lebensphase kommen würde, in der mir ständig Worte fehlen würden, und ich war entsprechend erleichtert zu erfahren, dass diese meine Worte auch im Deutschen vorhanden waren, ich speicherte mir die neuen Versionen: »Gedenken« war nicht mehr das alltägliche »Erinnern«, sondern seine offizielle, performative Ausübung, und statt »dermannen« hatte ich nun »ermahnen«, und obwohl dies nicht mehr im Zusammenhang mit einer Erinnerung stünde, war es doch ein schönes Wort, ich mochte damals alle Worte, die mit »er-« anfingen, das war ein neues Präfix für mich, und es klang schöpferisch und kraftvoll. *Er-innerung*, das Schöpfen des Innern.

»Gedenken« und »ermahnen« sind Worte, die im Deutschen kollektive Assoziationen hervorrufen. Das Gedenken ist ein ernster Festakt, wodurch mahnend an die Geschichte erinnert wird. Es gibt Denk- und Mahnmale, und diese sind da, um die Menschen als Kollektiv auf die Vergangenheit zu verweisen. Aus all diesen ehrwürdigen Feierlichkeiten und Zeremonien, aus allen Mahnmalen und Gedenkstätten, aus allen kollektiven Ritualen und Reflexen soll sich eines ergeben: die Erinnerungskultur, wie man es in Deutschland nennt.

Ich bin sie nicht losgeworden, meine Bewunderung an dem Tag, als ich dieses Wort »erinnern« gelernt habe und dabei dachte, *Stimmt doch!* Natürlich passt dieses Wort viel besser (als »gedenken« oder »ermahnen«) zur Tat, denn Erinnerung ist kein kollektiver Prozess, es ist etwas, was im tiefsten, privatesten Innern passiert, es ist etwas, was man ganz alleine für sich selbst leisten muss, und da ist das Gedenken, sogar Mahnen, nur ein gut beabsichtigter Anstoß dieses Prozesses der Ver- oder Er-innerung. Ich verstehe also, was Chaim damit meint, wenn er sagt, jeder muss etwas finden, woran er seine eigenen Erinnerungsprozesse entfalten kann. Es muss persönlich und individuell sein. In dieser Hinsicht ist die Bezeichnung »Erinnerungskultur« fast hoffnungsvoll, ja beschwörend: sie soll diese persönlich erlebte Begegnung mit der Vergangenheit auslösen, aber sie kann diese nicht garantieren. Aber sie soll wie die Kultur funktionieren, die eine Gefühlslandschaft herstellt, auf der alles andere wachsen muss. Nur was ist, wenn diese Landschaft kahl bleibt?

Was ist, so frage ich mich, wenn es keine Überlebenden mehr gibt, die man für Filmaufnahmen und Zeremonien hervorholen kann? Wird man dann die Gegenstände zeigen, die Akten öffnen? Können Papiere diese wichtige Funktion erfüllen, die der Mensch und Augenzeuge so lange erfüllt hat? Und woran wird man sich erinnern, wenn das Erinnern keinen Zweck mehr erfüllt, weil sich die Staatsräson verändert hat, weil es die Erinnerung gar nicht mehr braucht, weil der Staat etwas anderes hat, was er viel eher bevorzugt?

Schon im Sommer 2016 war ich nicht mehr anonym im deutschsprachigen Raum unterwegs, sondern seit einigen Monaten »die jüdische Autorin«. Ich sprach schon ein mittelmäßiges Deutsch, ich fühlte mich nicht mehr ganz fremd in meinem neuen Land, ich hatte das Gefühl, es könnte etwas mit uns beiden werden, mit mir und dieser neuen »Identität«. Seit März war ich auf Lesereise für mein Buch *Unorthodox* und immer noch berauscht von der europäischen Kulisse, die im Hintergrund jedes Auftritts so verführerisch lockte; ich bewegte mich eher wie eine Touristin als wie eine Schriftstellerin. Nun befand ich mich in den abgelegenen Schweizer Alpen, ich war dort zu einem Literaturfestival eingeladen. Ich verbrachte das Wochenende fast gänzlich in meinen Wanderschuhen. Am Ende des Festivals, als bereits alle Besucher abgereist waren, wurde von den Autoren und Autorinnen erwartet, dass sie sich noch einmal in einem am Dorfplatz gelegenen Restaurant zu einem letzten großen gemeinsamen Abendessen versammelten. Ich fand mich am Tischende wieder, und zwar einem Mann gegenüber, von dem ich bereits gehört hatte, dass er ein renommierter deutsch-jüdischer Schriftsteller mit spitzer Zunge war.

Wir stellten einander höflich vor, schätzten einander behutsam ab. Ich bin wie dafür geschaffen, den Spießrutenlauf typischer Fragen zu erdulden, zunächst die harmlosen: *Wo kommst du her* (New York), *was hast du geschrieben* (Autobiographien), *was für eine Art Jüdin bist du* (Ex-Chassidin), *warum sprichst du so gut Deutsch* (meine Muttersprache ist Jiddisch). Dann aber gingen wir über zu eben jener krönenden Nachfrage, die ich inzwischen so sehr gewohnt bin: *Warum, um Himmels willen, bist du hier, wenn dich nichts und niemand dazu zwingt?*

Es liegt stets eine perplexe Ernsthaftigkeit in den Augen derer, die diese Frage stellen. Ich hatte mir im Laufe der Zeit so viele Antworten darauf zurechtgelegt, dass ich häufig nur noch einige Versionen, wie zufällig aus einem Kartenspiel gezogen, vorlegte und prüfte, welche wohl meinen Zuhörer am ehesten zufrieden stellte. Bei diesem besonderen Gegenüber aber schien keine meiner Antworten wirklich geeignet; mit jeder Trumpfkarte, die ich zog, schien die Verwirrung des Schriftstellers zu wachsen. Er glaubte nicht, dass der Umstand, in Deutschland familiäre Wurzeln zu besitzen, auch nur irgendeinen Grund emotionaler Verbundenheit rechtfertigte, er mochte ganz offensichtlich nicht einsehen, wie ich Gemeinsamkeiten zwischen dem Jiddischen, der Sprache meiner Kindheit, und dem Deutschen, der Sprache der Täter, ausfindig machen konnte, er erkannte nicht an, welche Linderung mir Berlin nach der befremdlichen Zeit im kapitalistischen Amerika bot, und meinen Versuchen, in der weit zurückreichenden Geschichte der Schtetl-Juden mit ihrer Ambition, Aufklärung und Emanzipation im deutschen Kult der Bildung, intellektuelle Wurzeln zu finden, konnte er auch nichts abgewinnen; nein, all meine vorsichtig versammelten Einwerfungen waren ihm bloße Bagatellen. Er insistierte auf der einen wahren Antwort, als hätte ich sie vor ihm absichtlich verborgen gehalten.

Der Schriftsteller begann nun zu deklamieren; von meinen Rechtfertigungen unbefriedigt, schien er mir erklären zu wollen, warum ich einen schrecklichen Fehler begangen hätte, warum Deutschland der falsche Ort für mich und aus dem nämlichen Grunde für alle von uns Juden sei. Und so unternahm er den Versuch, die Verbindungen zu zerlegen, die mir in eineinhalb Jahren zu festigen gelungen war, indem er Namen von Personen aufzählte, die ich eben erst kennengelernt hatte, und sie allesamt unmissverständlich als Antisemiten in Verruf brachte. Er nannte Menschen, für die ich Zuneigung empfand, Menschen, denen ich vorbehaltlos vertraute, und Menschen, die ich nur vage kannte. Einige von denen, die er benannte, so wusste ich, waren Juden – ich verwendete mich für sie aus dem Gefühl ihrer verletzten Ehre heraus, aber er wischte meine Einwände mit einer Mischung aus Herablassung und Ungeduld vom Tisch. Ich sei eine Amerikanerin, so ließ er mich wissen, als wäre dies der ultimative Marker, und also könnten mir naturgemäß keine Vorwürfe gemacht werden, das verstünde sich von selbst, die Form des Antisemitismus, mit der er sein ganzes Leben lang zu tun gehabt habe, wäre für eine amerikanische Jüdin einfach nicht zu erkennen; kurz gesagt, ich dürfte allenfalls hoffen, diese dunkle und verdorbene Kultur erst nach jahrzehntelanger beharrlicher Beobachtung zu durchschauen.

Ich bekenne, dass ich an einem bestimmten Punkt aufgehört hatte zuzuhören, und dies zum Teil deshalb, weil ich den nämlichen Sermon schon zuvor vernommen hatte, und zwar von anderen sich als Juden bekennenden deutschen Schriftstellern, die während meiner Auftritte abfällige Bemerkungen fallen gelassen und mich darauf aufmerksam gemacht hatten, dass jede einzelne deutsche nicht-jüdische Person, die meine Lesungen besucht und meine Bücher gelesen habe, allein von selbstgefälligen, maliziösen Intentionen bewegt sei. Zugleich aber tauchte, als ich mich stattdessen auf die scharfsichtigen Augen des Schriftstellers hinter seinen dicken Brillengläsern konzentrierte, auf seinen *five o'clock shadow*, auf die Art und Weise, wie seine Augenbrauen tanzten und seine Stirn sich kräuselte, wenn er wetterte, irgendwo in mir die Erinnerung an meinen Onkel Yishai auf. Was diese Erinnerung heraufbeschworen hatte, war wohl diese drängende Körpersprache, von der jene drastischen

Behauptungen über Verhängnis und Verdammung begleitet waren.

Das Bild meines Onkels Yishai, das in diesem Augenblick in meinem Kopf auftauchte, entstammte einem besonders frühen Moment meiner Kindheit. Es war *Purim*, jener mit seinen karnevalesken Possen am ehesten mit dem Fasching vergleichbare Feiertag, der aber dazu eingeführt worden war, die Geschichte einer weiteren Rettung der Juden vor dem Bösen in letzter Minute zu zelebrieren, und ich entsann mich, an jenem Tag meinem Onkel dabei zugesehen zu haben, wie er ein dickes Stück Kreide nahm und die hebräischen Buchstaben H, M und N auf die Gummisohlen seiner Schuhe schrieb. Er lud mich ein, meine Schuhe ebenfalls auszuziehen, und vollzog an ihnen dasselbe, und als er fertig war, zogen wir gemeinsam wieder unser Schuhwerk an, woraufhin er mir zeigte, wie ich die kreidebehafteten Sohlen heftig an den rauen Sandsteinen unseres Treppenabsatzes vor der Haustür abreiben sollte, bis die Buchstaben vollständig ausgelöscht wären und die letzten weißen Schlieren sich über die Steinstufen zögen.

Was wir da gemeinsam vollzogen, war das zeitlose Ritual des *Yemach shemo*, des Akts des »Auslöschens seines Namens«, was nicht allzu verschieden ist von der *damnatio memoriae*. In diesem besonderen Fall handelte es sich um den Namen *Haman*, unerlässlicher

Bösewicht aus der *Purim*-Erzählung, den wir »auslöschten«.

Haman war ein Agagiter, sagte mein Onkel, Nachkomme von Agag, König der Amalekiter, der großen, archetypischen Feinde der Juden in der hebräischen Bibel, von denen es heißt, alle künftigen Feinde der Juden seien ihre Nachkommen, ganz gleich, ob nun dem Blute oder dem Geiste nach. Gut möglich, dass wir verschont geblieben wären von den vielen Bösewichtern, die dann folgten, hätte König Saul Samuels Befehl – verkündet direkt vom hebräischen Gott selbst – nur eingehalten, jeden einzelnen lebenden Amalekiter zu vernichten, ihre Ochsen und Schafe eingeschlossen. Dass Agag als Ergebnis von Sauls Gnade einen zusätzlichen Tag zu leben hatte und so genügend Zeit besaß, ein Kind zu zeugen in der Nacht vor seiner Exekution am darauffolgenden Morgen, ließ ihn das Schicksal erleiden, zum Stammvater Hamans und einer Vielzahl ähnlicher Gegner zu werden.

Da wir nun aber keine Schwerter mehr erheben und uns in keine Schlacht mehr begeben konnten, rotteten wir die Amalekiter aus, indem wir jegliche nur denkbare Symbolik nutzten, wie etwa das Abreiben von Kreideschrift, das Geratter mit handgefertigten Rasseln in der Synagoge, und natürlich die Affigierung dieses Ausrufes, sobald auch nur der Name erwähnt wurde. Indem wir *Yemach shemo*, also *Sein Name sei ausgelöscht*, riefen, sobald sein Name an irgendeiner Stelle fiel, sprachen wir einen der stärksten Flüche der hebräischen Sprache aus. Mit dieser und anderen ähnlichen Handlungen hofften wir, eine Rache zu beschwören, die auszuführen wir unfähig waren. *Haman yemach shemo*, Haman, sein Name sei ausgelöscht. *Amalek yemach shemom*, Amalekiter, ihre Namen seien ausgelöscht, *Hitler yemach shemo*, *Nazis yemach shemom*, ad infinitum. Onkel Yisahi liebte es, zusätzlich noch auszuspucken, eine Extradosis Emphase hinzuzufügen. Ich nahm es ihm nicht übel; die Nazis, oder besser die Amalekiter, hätten beinahe seine Mutter umgebracht. Sie hatten ihre gesamte Familie zerstört. Und da auch ich von dieser Frau großgezogen worden war und sie unendlich liebte, sagte auch ich mit besonderer Leidenschaft *Nazis yemach shemom* und spuckte auf den Boden, um meiner Verachtung Ausdruck zu verleihen.

Später dann war mir die Ironie der Sache bewusst geworden; in unserem Wunsch, auslöschen zu wollen, taten wir das Gegenteil, wir gedachten unserer Feinde, wie einige Kulturen ihrer Helden gedenken – derart zentral waren sie für uns, dass es sich manchmal anfühlte, als wäre unsere gesamte Kultur darauf gegründet, dieses Böse mit einer Aufmerksamkeit zu nähren, ohne die es sonst längst schon untergegangen wäre. Denn um Hamans Namen von unseren Sohlen auszulöschen, mussten wir ihn zuallererst schreiben. Und um das obligatorische *Yemach shemo* auszusprechen, mussten wir zuallererst Hitlers Namen in den Mund nehmen. Vielleicht ging es gar nicht so sehr um Auslöschung. Vielleicht war es eine Art Erinnerungstrick, eine Art paradoxe Intervention, um in allererster Linie das Vergessen zu verhindern.

So wie der Schriftsteller in der Schweiz gerade mir gegenüber in Fahrt kam, hatte auch Onkel Yishai mir häufig Predigten erteilt, die dazu dienen sollten, mich zu beeindrucken und zu erziehen. Wie viele andere seiner gequälten Generation nahm auch er die Verantwortung auf sich, die apokalyptischen Lehren der Menschen, die ihn zur Welt gebracht hatten, weiterzureichen. *Mamish alle Gojim,* so sagte er immer wieder, seien Antisemiten, womit gesagt war, dass bis auf wenige Ausnahmen alle Nicht-Juden antisemitisch waren. Gegenwärtig, so mein Onkel, würde es auf unserem Planeten nur so wimmeln vor Nachkommen der Amalekiter, die mit schäumenden Mündern gierig darauf warteten, unserer endgültigen Ausrottung ansichtig zu werden. Sicherheit könne nur innerhalb der unsichtbaren Wände unserer ghettoähnlichen Gemeinschaft gefunden werden, innerhalb der kulturellen Blase, die wir im chassidischen Williamsburg in Brooklyn gebildet hatten. War dies so unterschiedlich zu dem, was ich nun in dieser abgelegenen Stadt in den Schweizer Alpen von einem Mann zu hören bekam, der seine Religion kaum ausübte, aber ebenso fanatisch zu sein schien wie die Menschen, die mich großgezogen hatten?

Nach all diesen vielen Jahren, in denen ich so hart darum gekämpft hatte, mich von diesen Dingen zu lösen, die mir eher den Atem geraubt hatten, als mir ein Gefühl der Sicherheit zu geben, nachdem ich so lange nach einem Platz in der Welt jenseits davon gesucht hatte, nach den unglaublichen Anstrengungen mithin, die ich unternommen hatte, um die Umklammerungen unzähliger solcher Predigten zu lösen, die sich Tentakeln gleich um jede Zelle meines Hirns gewunden hatten – was war es da für ein Schock, feststellen zu müssen, dass an jenem Platz, an dem ich mich am freiesten fühlte, andere eine Blase errichtet hatten, die derjenigen nur allzu ähnelte, in der ich aufgewachsen war. Und es gab keinerlei Ideologie, die ein solches Tun verlangt hätte.

Und doch hatten meine eigenen Erfahrungen mich mit der instinktiven Fähigkeit ausgestattet, sie zu verstehen, sie und jene anderen, die sie verdammten. Denn es ist sehr wohl möglich, dass der wahre Grund, warum Deutschland und seine Kultur eine solche Anziehung auf mich ausüben, in einer gewissen Symmetrie liegt. Ich, die Jüdin, aufgewachsen in einer Gemeinschaft, in welcher der Holocaust jeden einzelnen Moment des Wachens und Schlafens durchflutete, hatte mich in einer amerikanischen Gesellschaft wiedergefunden, die mit diesem Ereignis, das mein Bewusstsein definierte, sehr wenig verband. Aber schon bei meinem ersten Deutschlandbesuch hatte ich die überraschende Erfahrung gemacht, in einen Spiegel zu blicken: Endlich war da eine Welt, in der jeder andere von diesem Ereignis ebenso verfolgt zu sein schien wie ich selbst. Und auch wenn es absurd wirken mag, so war da doch plötzlich ein Gleichgewicht im Verhältnis zwischen mir und der Welt; die Nadel fand zur Ruhe. Und allen irritierenden Eigenschaften der Gewichte in den Waagschalen zum Trotz fand ich Gefallen an dieser neu gefundenen Stabilität.

Ende des Jahres 2014 war ich nach Berlin gezogen. Mit meiner Flucht aus der chassidischen Gemeinschaft hatte sich die Möglichkeit als offenkundig erwiesen, dass ich zwar religiöse Diktate und ideologische Sitten hinter mir lassen konnte, nicht aber zugleich diesen anderen, sehr bestimmenden Zusammenhang. Und seit mir deutlich geworden war, dass ich derart vom Holocaust geprägt bin, grübele ich über das Vermächtnis, das ich meinem Sohn hinterlassen will. Sollte auch er dazu erzogen werden, die Welt so feindlich gegen ihn gerichtet zu sehen, dass selbst der noch so Liebenswürdigste nur heuchelte, in Wahrheit aber eine Maske trug? Nein, das war gewiss nicht, was ich wollte. Nicht für ihn. Nach Berlin zu ziehen, sollte der letzte Sprung einer langen Reise Richtung Freiheit für uns beide sein, denn tief in mir gewährte ich der verräterischen Absicht Unterschlupf, mich von dem Leben eines ununterbrochenen Denkmaldaseins auf Kosten von allem anderen zu emanzipieren, und damit auch von der Vorschrift, mein Kind auf ebendiese Weise zu schulen.

Bis dahin war ich eine Art menschliches Denkmal: Wann immer ich eine Art Unbehagen verspürte, wurde ich schlagartig von Schuld erfasst und dem Bedürfnis, die besagte Empfindung zu entwerten. Wenn mir kalt war, dann dachte ich an die Kälte, die meine Großmutter während der Todesmärsche erlitten haben musste, dann fühlte ich mich angewidert von meiner eigenen Empfindung und lehnte sie als vollständig unangemessen ab. Wann immer ich hungrig war oder einsam oder mich erniedrigt fühlte, erlaubte ich mir nicht, diese Erfahrungen meine eigenen zu heißen, und schämte mich stattdessen, mich erdreistet zu haben, sie überhaupt zu empfinden, denn an nichts anderes hatte ich zu denken als an jene Überlebenden, die mich aufgezogen hatten, und an ihre Erzählungen von Mangel und Demütigung. Und da ich mir nicht erlauben durfte, meine eigenen erbärmlichen Erfahrungen von Leid zu benennen, konnte ich sie auch nicht loswerden; die Gefühle stapelten sich wie Rechnungen, die darauf warten, erledigt und abgeheftet zu werden. Ich war überschwemmt von Gefühlen, die gekommen waren, um ihre Fälligkeit einzufordern.

Es spricht für Berlin, dass es mir innerhalb von neun Monaten nach meiner Ankunft gelungen war, einen echten Freundeskreis aufzubauen. Wie ich selbst waren viele dieser Menschen ebenfalls auf der Suche nach persönlicher Freiheit und mit dem Wunsch nach einem Zusammengehörigkeitsgefühl nach Berlin gekommen. Bald aber schon sollte ich lernen, dass eine weitere Gemeinsamkeit vorlag, da jeder von uns zutiefst belastet war, jeder auf seine ihm eigene, merkwürdige und unerwartete Weise, und zwar vom Holocaust und der Diskurskultur, die sich um ihn herum etabliert hatte. Mit diesen Menschen (und es waren nicht alles Juden!) konnte ich über diese Last in einer persönlichen und leidenschaftlichen Form sprechen. Als ich beispielsweise im November 2015 in einem Spaßbad in Oranienburg direkt mit einem Neonazi konfrontiert war, der auf seinem Rücken ein Tattoo von Auschwitz trug, war es mein Freund Levi, der mich mit seiner Gelassenheit erstaunte. Auch wenn wir einen ähnlichen Hintergrund hatten und beinahe gleich stark von unseren Großeltern geprägt waren, die den Holocaust überlebt hatten, so war er doch zehn Jahre älter als ich und hatte anscheinend ausreichend Zeit gefunden, weniger empfindlich zu reagieren. »Was soll es denn schon bedeuten, dieses Tattoo? Es tut dir keine Gewalt an, es ist keine effektive Beleidigung, es ist nur ein Beweis für die verdrehte Psyche dieses Kerls.« Dein Sinn für verletzte Ehre, so sagte er zu mir, stammt nicht von dir; sich vorzustellen, man würde im Namen eines anderen beleidigt werden, ist Beweis für einen ererbten Märtyrerkomplex. Auch wenn ich die Demütigungen des Holocausts nicht erlitten hatte, so war ich doch reflexartig empört gewesen, als hätte ich dies sehr wohl. Und wie die Medien mir widerspiegelten, war ich nicht die Einzige, die diese Reflexe aufwies.

Als ich ein Jahr später fluchtartig die Praxis eines Chiropraktikers verließ und übers Telefon eine deutsch-jüdische Freundin anrief und ihr berichtete, wie mich der Mann auf seinem Tisch niedergedrückt und mir dabei zugeraunt habe, Juden in Brüssel würden die Diamantenszene beherrschen und mit dieser das Kapital, und dass sie ganz Deutschland an der Gurgel gepackt hielten in einer Geste der vollkommenen Dominanz, da seufzte meine Freundin, die von einer jüdischen Mutter in Köln aufgezogen worden war, verzweifelt auf und fragte mich, wie es mir nur möglich gewesen war, in meinen ganzen zwei Jahren, die ich nun in Deutschland lebte, mehr Antisemitismus zu erfahren als sie während ihres ganzen jüdischen Lebens in diesem Lande. »Es ist, als würdest du ihn magnetisch anziehen.«

Ich habe seitdem niemals aufgehört zu denken, dass es etwas mit meiner eigenen Haltung zu tun haben mochte, was mich dafür empfänglich werden ließ, anderer Leute Feindseligkeit zu erfahren. War ich nicht äußerst gut in den Gefahren geschult worden, die es mit sich brachte, dem Opfer die Schuld zuzuschieben? Heute aber scheint es mir möglich, dass die Erwartung von Verfolgung, die mir indoktriniert wurde, vorhersagbare und selbsterfüllende Ergebnisse zeitigte. Meine Freundin wirkte und handelte ebenso jüdisch wie ich, doch war es ihr gelungen, sowohl ihre Kindheit als auch ein gutes Stück ihres Erwachsenenlebens mit weitaus weniger traumatischen Begegnungen zu durchleben, als ich sie seit meiner Ankunft in Deutschland erfahren hatte. Lag die Antwort in ihrer eigenen Identität? Auch wenn die Linie ihrer Mutter jüdisch war, so stammte ihr Vater doch aus einer weit zurückreichenden Linie reiner Preußen ab; die Studentenrevolte hatte ihn zu einem »guten Linken« gemacht, hatte sie mir gegenüber einmal scherzend erwähnt. Sie identifizierte sich ebenso sehr mit der deutschen Seite ihrer Familie wie mit der jüdischen; ihren Vater wie ihre Mutter zu lieben, hatte sie vor der Überzeugung immunisiert, Menschen könnten so mir nichts, dir nichts in die Kategorien *wir* und *die* unterteilt werden.

Ich hatte es in Amerika vermieden, mit meinem Sohn über den Holocaust zu sprechen, erst als wir in Deutschland ankamen, begannen wir, darüber zu reden, aber jetzt auf eine andere Weise. Der Holocaust gehörte nicht uns, er war keine riesige Erbmasse, die wir annehmen oder entäußern mussten. Er war ein Stück universelles Erbe, mit dem wir umgingen, nicht weil wir Juden waren, sondern weil wir als Juden Menschen waren. Ich begann unser Gespräch, indem ich ihm das Buch *Maus* von Art Spiegelman in die Hand drückte. In ihm werden unterschiedliche Gruppen von Menschen durch unterschiedliche Tierarten repräsentiert. Die wichtigste Lehre dabei ist nicht etwa die, dass unsere ererbten Rollen uns unsere Handlungen vorschreiben, sondern ganz im Gegenteil, dass unsere Menschlichkeit sich solchen vorherbestimmten Kategorien widersetzt. Das vollständige Spektrum möglichen menschlichen Verhaltens ist in der Erzählung abgebildet; wo jeder Einzelne mit seinem Charakter landet, ist dabei ganz und gar beliebig. Und also schloss mein Sohn dieses Buch nicht in dem Glauben, bestimmte Menschen wären dubios; er schloss es mit dem Verständnis dafür, dass wir all diese Charaktere zugleich sind. Umstände mögen vorschreiben, welche Rollen wir zu welchen Zeiten spielen, aber selbst dann sind wir frei, zu wählen, wie wir uns selbst und wie wir die anderen sehen wollen.

Ich will, dass mein Sohn über den Holocaust Bescheid weiß, aber ich will mitnichten, dass er sich an ihn »erinnert«. Ich würde dies für kein einziges Kind wollen. Solange sich aber die öffentliche Diskussion der Effekte der paradoxen Intervention verschließt, wird die Zukunft dieser Kinder überschattet werden von unserer Vergangenheit und die Spaltung tiefer in sie eindringen. Möchten wir eine Schuld verstetigen für eine Generation, die nicht länger mehr fähig oder willens ist, die allumfassende, lebensaufopfernde, entwicklungshemmende Arbeit der Begleichung zu leisten, die sie abverlangt? Oder wollen wir eine Zukunft errichten, in der die Vergangenheit nicht länger eine Variable in einer nicht anwendbaren Formel darstellt, sondern den Beweis dafür liefert, dass wir inzwischen für neue Formeln mit ganz anderen Platzhaltern herangereift sind?

Keine Erinnerung des Leidens bleibt über die Jahrhunderte hinweg kristallklar. Wir reden über die Inquisition oder die Kreuzzüge nicht mehr so, wie wir es einst vielleicht getan hätten. Es ist ein mathematischer Fehlschluss, anzunehmen, dass vergangenes auch zukünftiges Versagen bestimmt, dass es als Beweis der Untauglichkeit einer Gleichung dient. Vielleicht lag der Schriftsteller, dem ich in den Schweizer Alpen begegnet war, richtig, vielleicht ist die Amerikanerin in mir trainiert worden, die Dinge anders zu sehen, ein Versagen eben als Beweis für einen möglichen zukünftigen Erfolg zu nehmen. Jedenfalls muss ich mich fragen, wozu dieses leidenschaftliche Gedenken, wenn wir es nicht dazu nutzen, um die Voraussetzungen für eine bessere Zukunft zu schaffen?

Wann immer wieder *dermannt* wird, der vielen Millionen Toten zu *gedenken*, bin ich stets dazu geneigt, über meinen eigenen lähmenden Zustand des ehrenden Erinnerns zu reflektieren, der über Jahre hinweg meinem

Glück im Wege stand, da ich unfähig war, an eine Welt zu glauben, in der dieses Glück etwas anderes darstellen könnte als eine unverantwortliche Wahnvorstellung. Heute aber bin ich ebenso davon überzeugt, dass auch dies nur eine Wahnvorstellung ist – und dass die bessere Welt, von der wir sagen, dass wir sie haben wollen, sich gegen all das richten würde, an das zu glauben wir bereit sind. Und wer hat denn je schon einen Traum verwirklicht, an den er nicht selbst geglaubt hat?

Seit ich in Deutschland bin, will man immer wieder eines von mir hören: meine Meinung zum Antisemitismus. Man kann nie genug davon bekommen. Ich wurde vorher selten, wenn überhaupt, zu dem Thema befragt, eher habe ich es thematisieren müssen, um darüber ein Gespräch führen zu können. Am Anfang also fand ich es positiv, anderswo kümmerte man sich kaum darum, hier war der Topos Alltag. Wie überhaupt das Judentum selbst, das Interesse daran, die zentrale Prominenz jüdischer Künstler und Funktionäre. Ich sah das alles als Beweis dafür, dass Juden eine unübersehbare Rolle in diesem Land spielen. Ich dachte, ich könnte hier endlich das Gefühl des Verschwindenmüssens überwinden, ich könnte das an mir sein lassen, was sich eh nicht tilgen ließ. Wo in Amerika Juden lange versuchten, ihr Jüdischsein nicht besonders zu betonen, jüdische Geschichten von nichtjüdischen Schauspielern erzählen zu lassen, Judentum als etwas Amerikanisches zu stilisieren – wollte man hier in Deutschland das Jüdische hervorheben, wenn nicht sogar maximieren. Wenn eine prominente Suhrkamp-Verlegerin mit einem der klassischsten deutschen Nachnamen den Künstlernamen Berkéwicz (zufällig mein Mädchenname, wie war ich froh, als ich ihn bei meiner Eheschließung loswurde!) annimmt, weil eine spät entdeckte jüdische Großmutter anscheinend so hieß, dann denke ich unweigerlich an die vielen Juden in den USA, die von »Grünberg« zu »Green« oder von »Weißmann« zu »Whitman« übertraten, ich persönlich denke auch an meine erste Agentin, denn sie hatte mich mit ihrem Nachnamen des europäischen Adels immer so beeindruckt, bis sie mir erklärte, sie hieße eigentlich Hershkowitz, habe es aber für schlauer gehalten, den Namen ihres ersten, kurzfristigen Ehemanns zu behalten und für ihre Karriere zu nutzen (Recht hatte sie!). In diesem Land, in Deutschland, war alles, was vorher einen Nachteil für mich bedeutet hatte, plötzlich ein Vorteil.

Überhaupt, als Autorin gefiel es mir, als ich sah, dass meine Leser die Bereitschaft aufwiesen, sich auf Fremdwörter einzulassen; anders als mein amerikanisches Publikum freuten sie sich darüber, Jiddisch oder Hebräisch zu hören, sie waren bereit, sich mit dem Judentum an sich zu beschäftigen, und nicht nur als etwas Übersetztes oder Angepasstes. Ich glaube, ich fühlte mich deshalb sofort wohler, in Deutschland öffentlich als Jüdin aufzutreten, als in Amerika, wo ich immer versucht habe, vergeblich natürlich, das Anderssein so unauffällig wie möglich zu gestalten. Ich hörte in Deutschland auf, dies zu tun. Es ist mir erst später aufgefallen, dass andere sich hier genauso inszenierten, wie ich es einmal zu tun versucht hatte, aber eben andersherum, dass Menschen mit jüdischen Ahnen ein parodiehaftes Judentum für die Deutschen performten oder vom Antisemitismus erzählten, weil man es so von ihnen erwartete, manchmal solche Geschichten sogar erfanden, wenn sie nicht wirklich zur Verfügung standen, so sehr lastete anscheinend der Druck.

Denn jedes Mal, wenn mir diese »Lieblingsfrage« gestellt wurde, tat ich mich damit aufrichtig schwer, denn ich konnte sehr wenige Erfahrungen vorweisen, die eindeutig auf Antisemitismus zurückzuführen waren. Selbstverständlich hatte ich immer mal wieder Aggressionen und Diskriminierungen erlebt, aber in den meisten Fällen waren diese eher auf mein Geschlecht zurückzuführen oder vielleicht ganz im Allgemeinen auf meine ausländische Herkunft. Es waren Ungerechtigkeiten, die sich nicht klar gegen mein Jüdischsein richteten, sondern gegen mich als Gesamtpaket, in all meinen Ausgrenzung anziehenden Eigenschaften: starke, aufmüpfige Frau, aus Amerika, jüdisch, nicht besonders gefällig – so jemand wird im Alltag, wie alle Menschen, die irgendwie anders sind, mit der Frustration und Wut beliebiger Bürger konfrontiert. Die wenigen rein antisemitischen Erfahrungen, die ich gemacht habe, nachdem mein Jüdischsein irgendwie zu Tage trat, sei es durch bewusste Selbstbezeichnung oder das Vergessen gewisser Merkmale, die mich verraten würden, kamen mir immer nur als verkorkste Einmaligkeiten vor, wie sie jeden einmal treffen. Man stößt halt ab und zu im Leben auf seltsame Figuren, die einen aus welchem Grund auch immer beleidigen oder bedrohen. Ich hatte im Leben immer mehr Angst haben müssen als Frau denn aus allen anderen Gründen.

Dennoch möchte man von mir immer wieder eine Haltung zum Thema bekommen. Ich sage dann, ich verstehe, dass ich mich verletzlich mache, wenn ich in eine Synagoge gehe, was ich selten tue, aber dass ich mich dabei nicht unbedingt verletzlicher mache, als wenn ich zum Weihnachtsmarkt am Breitscheidplatz oder zur Shishabar in Hanau gehen würde. Das sind Risiken, mit denen wir alle umgehen müssen. An manchen Tagen bin ich bereit, eine Synagoge zu betreten, wenn der Sohn einer Freundin seine *Bar Mizwa* hat zum Beispiel. Dann wäge ich das ab. Aber ich gehe eigentlich nie zum Breitscheidplatz. Ich halte mich nie an Orten auf, die jemandem als Zielscheibe dienen könnten. Dies mache ich seit 9/11 so. Ich war schon immer ein vorsichtiger Mensch, ich misstraute der Welt, wie es meine Großeltern mir beibrachten, ich passte auf, ich tat, so viel ich konnte, um Gefahren zu vermeiden.

Wenn ich daran denke, wie es anderen Minderheiten hier in Deutschland geht, oder in Amerika, weiß ich sofort, dass da kein Vergleich möglich ist. Wurden die Sicherheitsvorkehrungen an der jüdischen Tagesschule meines Sohnes in Manhattan auf Grund von Antisemiten oder auf Grund bewaffneter Verrückter getroffen? Ich habe keine dunkle Hautfarbe, keine mandelförmigen Augen, ich sehe vielleicht nicht besonders arisch aus, wenn überhaupt, ähneln meine Züge eher Osteuropäerinnen, und wenn ich wegen meines Aussehens wirklich einmal diskriminiert werde, ist es eine vergleichsweise impotente Form: eine Unannehmlichkeit, aber keine Gefahr.

Ich weiß irgendwie, dass ich hier richtig bin, sofern man überhaupt irgendwo richtig sein kann. Nicht in New York, wo alle Schulen an den Eingängen auf Waffen überprüfen, nicht in Israel, wo man nach Bomben und Terroristen Ausschau hält, sondern in Deutschland, wo sehr viel Lärm um Gefahren gemacht wird, die Außenseitern wie mir vergleichsweise marginal vorkommen.

Dennoch spricht man über Deutschland als ein Land, in dem eine Synagoge in Halle von einem Mann mit Gewehr angegriffen werden kann. Man sagt dabei nie, dass die Menschen, die eigentlich durch die Hände des tatsächlichen Täters umgekommen sind, deutsche Staatsbürger ohne jeglichen Migrationshintergrund oder ausländischer Herkunft waren. Der Mann hatte sich vorgenommen, Juden zu töten, und als dies nicht funktionierte, suchte er nach Muslimen, aber im Zweifel dienten ihm auch seine angeblichen »Mitbürger« als Ziel. Wir reden über Hanau und Halle, um zu vergessen, dass wir alle Zielscheiben sind, dass wir alle gemeint sind. Die Diskussion um rassistische Gewalt ist auch ein tröstliches Narrativ für eine Mehrheitsgesellschaft: Man kann sich einbilden, dass der Rassismus einen selbst nicht träfe.

Das Komplizierteste beim Thema Judenhass ist die Schwierigkeit, Juden per se zu definieren. Es gab genug Deutsche, die den angeblichen physischen Zuschreibungen entsprachen, und genug Juden, die so blond und blauäugig waren wie das schlimmste Klischee. Es gibt Juden in allen Farben, aus allen ethnischen Gruppen. Ihre Genealogie ist oft spezifisch, weil sie unter sich heiraten, aber ihre genealogischen Ahnen teilen sie in vielen Fällen mit Nicht-Juden. Und auch wenn die verschiedenen jüdischen Gruppen sich gegenseitig nicht anerkennen, fanden alle jedenfalls bisher einen Platz unter der israelischen Schirmherrschaft, reicht das also, um einen Juden zu definieren? Dass er sich zu Israel bekennt, oder dass Israel ihn als Jude sieht? Ersteres würde bedeuten, dass ich keine Jüdin bin, Letzteres aber schon. Aber auch das wird sich bald ändern, daran wird ja gearbeitet, indem rechtsnationale Kräfte schon jetzt Gesetzesänderungen vorbereiten, die neue

Qualifikationen für jüdische Bürger und Bürgerinnen Israels bestimmen sollen, und die Kriterien dazu sind schon längst zu welchen geworden, die keine liberal eingestellte Gesellschaft würde nachvollziehen können. Ich frage mich manchmal, was mit all diesen Juden in Deutschland wird, die Israel gerne aus der Ferne verteidigen, wenn Israel ihnen das Jüdischsein endgültig aberkennt, sei es ihrer Abstammung oder ihrer mangelhaften Religiosität wegen. Wird es einen Ansturm auf orthodoxe Synagogen geben, um die Konversionen dann hinterher korrigieren zu lassen?

In den Medien fragen sie mich, wie ich das Problem des Antisemitismus sehe, aber die Menschen, denen ich begegne, wollen eigentlich nur wissen, wie ich zu Israel stehe. Ein Jude ohne Standpunkt zu Israel kann es nicht geben. Vielleicht haben sie recht. Ich kenne in der Tat nur die Pro- und Contra-Juden, aber dann muss ich an meine Zeit in New York denken, als die jungen Frauen um mich herum, deren Vorfahren in kleinen Dörfern Ost-Europas ein traditionelles Leben geführt hatten, so taten, als hätte das alles gar nichts mehr mit ihnen zu tun – wenn sonst keine Verbindung zur Herkunft, warum dann diese Loyalität Israel gegenüber? Manche stellten sich die Frage schließlich früher oder später, sobald sie sich in linksliberalen Kreisen aufhielten, denn dann bekamen sie das Thema Palästina quasi aufgetischt, da gab es keine Möglichkeit auszuweichen. Einige bekannten sich sofort zur »guten Seite«, sie trugen Palästinafahnen als Schals, sie gingen zu den Protesten. Manche haderten, unternahmen Israel-Reisen, schrieben Bücher oder Artikel über gequälte amerikanisch-jüdische Protagonisten, die ihr Verhältnis zu Israel immer wieder neu abwägen, neu definieren mussten. Und in Deutschland gab es nie eine andere Möglichkeit. Israel ist Staatsräson, da ist jeder Jude im Prinzip ein unbezahlter Botschafter dieses Landes, Beweis der guten Beziehungen, berufen zur Diplomatie. Wer sich enthält, ist sofort illegitim. Das erklärt schon die Gezwungenheit, mit der deutsche Juden ihre unerwiderten Liebesdramen zu Israel verfolgen.

Im Gespräch mit Freunden habe ich sie irgendwann einmal aufgezählt, die Juden in Deutschland, die ich so aus der Öffentlichkeit kenne. War ich erstaunt, als ich begriff, dass ich mit ihnen gar nichts gemeinsam hatte? Dass das, was wir übers Judentum wussten, völlig verschieden ausfiel, dass unsere Bezüge zu unserer Identität so weit auseinanderklafften, dass sie unterschiedlicher nicht hätten sein können? Juden sind überall anders, es gibt doch die berühmten Witze, die vertragen sich alle nie miteinander, teilen sich an aller Art Grenzen auf, seien sie geographischer, ethnischer, kultureller, religiöser oder persönlicher Natur, also, nein, ich dürfte nicht überrascht sein, die Gründe lagen auf der Hand: Ich war auf der anderen Seite des Ozeans geboren und aufgewachsen, ich war mit einer überlieferten Tradition großgezogen worden, die sie nur vom Lesen und Hörensagen kannten, ich lehnte alles ab, woran sie sich zwanghaft klammerten …

Aber es verband sie alle doch etwas miteinander, was sie für mich seltsamerweise austauschbar machte, ich konnte sie am Anfang schwer auseinanderhalten, denn sie spielten alle dieselbe Rolle: den grantigen Schurken, den Scheltenerteiler, den Maßregeler, den verbitterten Rachesüchtigen … woher kam dieses Klischee? Ich kannte sie nicht aus meinem früheren Leben.

Ich erinnere mich, wie ich neulich eine Rezension in der *New York Review of Books* las, es ging um ein Buch über meinen Herkunftsort Williamsburg, ein gelungenes, sorgfältig und akribisch recherchiertes Buch über die Geschichte der Satmarer Gemeinde in New York, es hieß *A Fortress in Brooklyn* (Eine Festung in Brooklyn), geschrieben von einem erfahrenen Experten, dem Stanford-Professor Nathaniel Deutsch, und der Rezensent lobte dieses Buch von hinten bis vorne, es war demnach erstaunlich stimmig, detailreich, einsichtsvoll, aber eine Sache verstand er nicht, mit dieser einen Erkenntnis kam er doch nicht zurecht, der Autor würde nämlich schlussfolgern, dass die Gewalt, die sich in dieser und ähnlichen Gemeinden nach dem Krieg verbreitet hatte, bis es zum gängigen Lebensansatz geworden war, auf den Holocaust zurückzuführen sei, dass dieses Trauma sich in Perpetuität weitergebe, indem die Kinder von Überlebenden die Gewalt, die ihren Eltern angetan wurde, an ihren Kindern auslebten; der Rezensent konnte diesem einen Gedanken nicht folgen. Mir leuchtete er wiederum sofort ein. Ich bin mit dieser Gewalt groß geworden, sie wurde verherrlicht; der Rabbiner, der seine Schüler am härtesten schlug, genoss den besten Ruf. Nicht nur die Zionisten nutzten den Holocaust als Grundlage für ein neues, gewaltvolles Dasein, auch jene, die dieses Ansinnen ablehnten, mussten die Wut, das Entsetzen, irgendwie verarbeiten. Das eine ist womöglich ein Spiegelbild des anderen. Und irgendwann ist es egal, wo es herkommt. Die Gewalt nimmt an Fahrt auf, holt sich einen eigenen, intrinsischen Antrieb, sie wird zu einer Kultur, neu aufgestellt, sich immer weiter bekräftigend.

In Deutschland hat man die Gewalt, die zum Holocaust führte, überwinden müssen. Dafür musste man sie aber auslagern. Nicht zuletzt an die wenigen, die bereit waren, für das neue Deutschland die Juden zu spielen. Diese mussten nun als die Aggressiven, die Wetternden auftreten, was den Deutschen nun plötzlich verwehrt war, die ihre »vorige Natur« ja komplett umwandeln mussten in eine überaus friedliche, passive Version.

Ich beurteile die Menschen nicht, die diese Aufgabe auf sich genommen haben. Sie hatten bestimmt ihre ganz eigenen Gründe, in diesem Land etwas Dampf abzulassen. Aber ich frage mich, ob sie jemals die Gelegenheit hatten, ein wirkliches Verhältnis zu ihrem Judentum zu formen, das nicht vollkommen von diesen gesellschaftlichen Projektionen verfärbt und verzerrt ist.

Es wird kein Zufall sein, dass der beliebteste Jude dieses Landes sich immer noch auf diesen Titel berufen kann, obwohl er nachweislich sein Kokain am liebsten mit verschleppten ukrainischen Prostituierten (und das in einem Land, in dem die Prostitution legal ist!) zu sich nahm. Ein Kind von Schindler-Geretteten, der einerseits als Beweis dafür gilt, dass es auch die *guten Deutschen* gab, denen er sein Leben zu verdanken hat, und andererseits die antisemitische Vorstellung erfüllt, indem er diesen Deutschen auf gewisse Art bestätigt, die Juden hätte das Schicksal vielleicht nicht grundlos getroffen? Das öffentliche Bild des Juden ist schon immer von sinnlichem Exzess geprägt gewesen, vom Übermaß der Triebe und Leidenschaften, von raubtierartigen Rachegelüsten und unmenschlicher Gier. Ich denke an die Figur aus dem *Jud Süß*-Film, in dem Feuchtwangers Kapitalist zu einem sexuell Perversen verunstaltet wurde. Ich verstehe, warum man diese Juden in der Öffentlichkeit hervorhebt, um alles schlechtzureden und mies zu machen, denn sie bedienen auch einen größeren Instinkt, nämlich den traditionellen Judenbegriff weiter aufrechtzuerhalten.

Ich jedenfalls möchte die Rolle der erbosten Jüdin vor diesem Hintergrund nicht annehmen, was mich nicht selten in Widerspruch mit jenen Juden im Land bringt, die öffentliche Debatten führen und um das Siegel des »besten« Juden ringen. Und dennoch komme ich mir manchmal selbst in dieser Absage an das Erbostsein schon sehr erbost vor, ja, auch in mir steigt ein Dampf auf, wenn ich mich ständig von solchen Hässlichkeiten und Heucheleien umgeben sehen muss, ich habe es auch satt, mit diesen Menschen in einer Schublade ausharren zu müssen. Haben Sie mich in ihre Falle gelockt, bin ich in meiner Ablehnung ihrer Ablehnung genauso der ideologischen Gefangenschaft verhaftet wie sie?

Im Herbst fuhr ich zu einem weiteren Literaturfestival, Sonderthema: Jüdische Gegenwart Europas. Abends saß ich auf einer Bühne mit zwei anderen jüdischen Autoren, einem aus Deutschland und einem aus dem europäischen Ausland. Letzterer war mir schon bekannt, denn als mein Leben noch höchst unsicher aussah und ich sehr einsam und prekär durch die Welt ging, war ich zufälligerweise auf ein Buch von ihm in meiner Lieblingsbuchhandlung gestoßen, damals noch in New York, ohne von ihm vorher gehört zu haben, und das Buch hatte damals den Rahmen gesprengt, worin jüdische Literatur sich bis dahin für mich befunden hatte. Auf dem Cover, daran konnte ich mich noch sehr klar erinnern, war eine Grafik von einem Adler geprägt gewesen, und nun, als ich nochmals drüber nachdachte, musste ich schmunzeln, denn das, was ich damals recht unschuldig mit dem messianischen Adler in Verbindung gebracht hatte, konnte ich inzwischen anders deuten, da ich schon so viele übrig gebliebene Adler aus *jener* Zeit hier in Berlin gesehen hatte; ich nahm das Cover inzwischen in einem ganz neuen Licht wahr und erkannte die Provokation, die darin lag.

Der Abend begann wie üblich, trocken, ein wenig steif, wir diskutierten über Literatur, man redete über den Holocaust und das Jüdischsein in Europa heute. Der Autor fand, er sähe nicht auf den ersten Blick jüdisch aus. Das Publikum lachte, weil es dachte, das wäre ein gewollter Witz. Er fragte mich, ob ich ihn auf der Straße gleich als Jude erkennen würde, wenn er nicht die orthodoxe Kleidung oder die üblichen religiösen Kennzeichen trüge. Ich behauptete, er würde mit seiner bebrillten Miene nicht nur mir als Jude auffallen, sondern allen anderen im Publikum auch; das Publikum lachte noch lauter auf. Der Autor schien aber aufrichtig überrascht zu sein, bestritt dies vehement, da ihm nie etwas widerfahren sei, was diese Behauptung untermauern könne, wie er sagte. Es kam zu einer aufgeladenen Pause; die Menschen im Publikum rückten verlegen auf ihren Stühlen herum. Der Autor grübelte nun sichtlich und gab schließlich widerstrebend zu: Vielleicht habe er es nur nicht gemerkt, und ich hätte doch recht.

Sicherlich hätte ich das, sagte ich, und der deutsche Autor leistete mir diesmal Beistand, und nun stand es zwei zu eins, und die Sache war geklärt. Das Publikum kicherte diesmal leiser und etwas vorsichtiger, hörte sich aber spürbar erleichtert an. Denn wir sprachen aus, was sie sich nicht trauten zu sagen, und dafür waren sie uns dankbar.

Das Jüdische ist nichts, was man an einem Erscheinungsmerkmal festmachen kann, denn Juden sehen nicht auf die eine oder andere bestimmte Art aus, das wissen auch wir Juden, und dennoch erkennen wir uns eigentlich immer. Woran das liegt, ist sehr schwer zu erklären. Es ist nicht der Name, nicht das Aussehen, nicht die Sprache, nicht die Kleidung, am wahrscheinlichsten ist es eine gewisse Ausstrahlung, die aus kulturellen Prägungen hervorgeht, worin wir die besonderen Experten sind. Aber dafür erkennen wir uns nur in unserer eigenen Blase; ob ich einen nordafrikanischen oder jemenitischen Juden als solchen würde identifizieren können, bezweifele ich, da sind die Prägungen viel zu unterschiedlich. Auch den deutschen Autor hätte ich nicht als Juden erkennen können, dafür war er mir viel zu deutsch. Aber der ausländische Autor, der von Holocaust-Überlebenden erzogen wurde und mittlerweile zwischen Europa und Amerika pendelte, er war mir doch sehr vertraut. »Ein *talmud chacham* bist du«, neckte ich ihn später, indem ich eine religiöse Bezeichnung aus meiner Kindheit für ihn nutzte, die für begabte Gelehrte der biblischen Texte reserviert war, und er nahm dies als großes Kompliment entgegen, grinste gutmütig von einem Ohr zum anderen.

Nach der Veranstaltung standen wir noch eine Weile draußen in der Novemberfrische, während geraucht und geplaudert wurde. Ich wollte noch nicht ins Hotel, ich wollte noch ein bisschen von der Stadt einatmen.

Der Autor beäugte mich prüfend. »Heute waren wir fast Bühnenjuden«, meinte er zu mir. »Das ist mir noch nie passiert. Es hat dich gebraucht. Schau, du bist erst seit ein paar Jahren in Deutschland, und schon weißt du, wie das geht.«

»Was ist das denn für ein Begriff?«, fragte ich empört.

Ich müsse einfach aufpassen, warnte er, mich nicht zu verlieren. Denn der deutschsprachige Raum sei voll mit Bühnenjuden. Als Jude in der Öffentlichkeit zu stehen, ohne vom vorgegebenen Drehbuch abzuweichen, wäre eine große Herausforderung.

Ich dachte an meine Reise im Sommer in die Schweiz. »Denkst du dabei an ihn, an diesen Schriftsteller, der für seine Grantigkeit so berüchtigt ist?«

»Ah, du hast den Herrn schon kennengelernt, ja, er ist wohl das bekannteste solcher Exemplare.« Und mein neuer Freund fing an, mir mehr über diesen Mann zu erzählen: Zur Zeit der Jahrhundertwende sei dieser als Schriftsteller in Deutschland fest etabliert und angesehen gewesen, und so wie er selbst nach und nach den Einstieg in den englischsprachigen Raum geschafft habe, so verfolgte dieser Deutscher ebenfalls das große Ziel, in Amerika solch einen Bekanntheitsgrad zu erreichen. Wie ein Philip Roth eben, ein Saul Bellow, alles sehr nachvollziehbar, denn Deutschland war diesem Schriftsteller viel zu eng, es sollte nur als Sprungbrett dienen, um ihn mit seinesgleichen in die renommierten internationalen jüdischen Künstlerkreise zu treiben. Er wartete nur noch auf die Gelegenheit, endlich losziehen zu können. »Und als ich ihn damals kennenlernte, da fand ich ihn wahnsinnig witzig und interessant, und ich wollte ihm bei diesem Unterfangen helfen.« Von daher hatte er ihm ein großzügiges Angebot unterbreitet: er würde seine Verbindungen in New York spielen lassen, die Veröffentlichung von ein paar seiner Geschichten in einem berühmten literarischen Magazin der Stadt organisieren und als krönenden Abschluss ein Gespräch mit ihm auf einer der wichtigsten Bühnen der Stadt führen. Dort im Publikum würden dann die prominentesten Herausgeber und Verleger New Yorks sitzen; wenn der Schriftsteller da mit seiner berüchtigten scharfen Zunge und seinem bösen Humor den großen Auftritt hinlegte, wie er es in Deutschland immer machte, wäre ihm eine Karriere im amerikanischen Bereich jedenfalls sicher. Der deutsche Schriftsteller stimmte begeistert zu, der andere zog an den richtigen Strippen, der Termin wurde festgelegt. Vor dem Auftritt führten die beiden ein Vorgespräch, das mein Gesprächspartner als bitterböse und äußerst unterhaltsam empfand. Er war überzeugt, dass der gemeinsame Auftritt ein absolutes Highlight werden würde. Er könne mir kaum vermitteln, wie erstaunt er dann gewesen sei, wie der Bühnenauftritt schließlich verlaufen sei. Sein deutscher Autorenkollege, den er als natürlichen Performer zu kennen meinte, saß ihm jedenfalls auf einmal wie eine kleine Maus gegenüber, seine Erwiderungen vorsichtig, reserviert, völlig entschärft. Er bemühte sich, den Abend zu retten, aber aus seinem Gesprächspartner war irgendwie die ganze Luft gewichen. Das Publikum war gelangweilt, das Fremdschämen seiner Kollegen beim Abendessen danach war ihm peinlich. Denn schließlich hatte er etwas riskiert, hatte er seinen Namen eingesetzt, um diesem Schriftsteller in New York eine Bühne zu bereiten. Und der habe ihn dann schlecht aussehen lassen. Danach war es vorbei. Wahrscheinlich, sagte mein Gesprächspartner zu mir nachdenklich, hatte der deutsche Schriftsteller in dem Moment, als er sich auf der Bühne befand, etwas schlagartig erkannt. Er hatte verstanden, dass er diesen Menschen im Publikum nichts zu bieten hatte. Die einzige Option, die ihm offen blieb, war die Rückreise nach Deutschland, wo er weiter den grantigen Juden geben konnte.

»Wie kann das sein?«, fragte ich. »Ich kann ihn mir ehrlich gesagt nicht als kleine Maus vorstellen.«

»Das ist es, was ich meine, wenn ich von den deutschen Bühnenjuden rede«, erklärte er mir, »das sind die, die einem Publikum, das es nicht besser weiß, ein stereotypisches, verwässertes Bild eines Judentums verkaufen. Aber so etwas geht in New York eben nicht.«

»Aber er *ist* doch Jude, oder?«

Mein Gegenüber schnalzte mit der Zunge und schaute mich einen Moment lang an.

»Gut, es gibt Juden, und es gibt Juden. Wir beide haben ja offensichtlich viel gemeinsam, das erlebt man hier nicht so häufig, dass man die gleichen Referenzen, diesen einen spezifischen Humor, kurzum dieses ganze kulturelle Gepäck teilt. Aber gerade im deutschsprachigen Raum ist es schwierig; die meisten Juden, die heute in Deutschland den jüdischen Diskurs prägen, haben keinen Bezug zu ihm, wie er früher in traditioneller Weise stattfand. Du weißt schon, dass dieser Schriftsteller nicht aus Deutschland kommt, oder? Seine Mutter ist halb jüdisch, im Kaukasus geboren, er selbst kommt aus dem sowjetischen Umfeld, viele Juden, die nach Deutschland gezogen sind, stammen aus dem Osten. Das sind, pardonnez-moi, Papierjuden, Menschen, die irgendwelche Scheine hatten, worin ihr Judentum belegt war. Aber im Osten gab es kein Jüdischsein, wie wir es kennen, per se, denn die kulturelle und religiöse Praxis ist dort erfolgreich getilgt worden. Im Westen hat Hitler die Juden vergast, im Osten hat man ihnen die Seele geraubt.«

»Aber ist es nicht genau das, was so interessant ist«, unterbreche ich seine Tirade, in einem Versuch, sein hartes Urteil etwas zu entschärfen, »dass es eine Art Judentum geschaffen hat, das sich um diese Leere herum formen musste? Es ist nicht das erste Mal, dass

Juden ihr Jüdischsein vergessen haben. Denke an die *Marranos* in Spanien, die sich nur ein paar Rituale bewahren konnten, deren Zusammenhänge sie schon bald gar nicht mehr verstanden. Auch das ist Judentum, auch das ist ein Teil des Gesamtbildes.«

Der Schriftsteller lächelte nun etwas spöttisch. »Das mag sein, aber hier geht es um ein sehr spezifisches Problem. Nicht die jüdische Praxis fehlt diesem Schriftsteller, sein größtes Problem, wie das Problem aller anderen sich bekennenden Juden mit einem sowjetischen Hintergrund in Deutschland, ist der Mangel an Holocaust-Bezug. Gerade einem Juden in Deutschland, der an die Öffentlichkeit möchte, kommt so ein Makel nicht sehr gelegen! Wie soll man zu einem Reich-Ranicki werden, ohne die entscheidenden biographischen Vorbedingungen erfüllen zu können? Über das Jüdischsein als Nichtsein wollen die Deutschen, verstehst du, nichts hören. Du hast ja das Publikum schon ein paarmal erlebt; warum denkst du, sitzen sie da, um ein paar Russen zuzuhören, die möglicherweise einen Urgroßvater hatten, der mal was vom Judentum wusste? Keiner interessiert sich für einen Russen, der sich von anderen Russen nur auf dem Papier unterscheiden lässt.«

Seine Geringschätzung war mir auf einmal zu viel. Ich hatte die Zusammenhänge noch nicht ausreichend begriffen.

»Tut er sich denn nicht als großes Opfer des deutschen Antisemitismus hervor?«

»Was sonst soll er tun? In Deutschland ist man nur dann ein richtiger Jude, wenn man das große Böse immer thematisiert. Gleichzeitig auch dieses Erlösungsversprechen Israel. Niemand interessiert sich für des Schriftstellers wahren Hintergrund, denn dazu hätten sie ja ebenfalls keinen Bezug. Daran könnten die Deutschen nicht genesen. Deshalb beschäftigen sich all diese Juden aus dem Osten ständig mit dem Holocaust und dem Antisemitismus, weil es die einzige legitime Identität ist, die die deutsche Kultur ihnen bietet.«

»Aber wie traurig ist das denn? Sie dürfen nicht über ihre eigenen Erfahrungen sprechen, sondern müssen sich fremde Schicksale aneignen? Aber es gibt doch wunderbare Schriftsteller aus dem Osten, so viele tolle Bücher …«

»Gut, aber dann ist man ja nur einer unter vielen. Und man kann einiges über diesen berühmten Schriftsteller sagen, aber in Deutschland würde niemand bestreiten, dass er ziemlich alleine auf seiner kleinen, selbst gebastelten Bühne steht. Er hat mögliche Konkurrenten so gut wie möglich weggebissen.«

»Vielleicht ist es aber auch nur so, dass es andere nicht wollen? Das wäre ja auch legitim, wer will denn Teil dieser Persiflage sein? Das macht einen doch krank!«

Ich verstand seine Lehre so: In Deutschland reichte das gelebte Judentum nicht aus, um eine wahrhaftige Kultur herzustellen. Dafür brauchte man diese Performance, mit seinen Stars und vielen Komparsen, alle mit ihren zugeteilten Rollen, wofür sie dann entsprechend gehört und wahrgenommen wurden. Wenn man sehr gerne gehört werden will, geht man wahrscheinlich willentlich so ein Verhältnis ein. Und ich, so verstand ich meinen Autorenkollegen, würde einfach unwissentlich da hineinrutschen, aus lauter Naivität und Zuvorkommenheit.

Ich würde tatsächlich bald lernen müssen, dass jüdisch zu sein und sich gleichzeitig in der Sphäre der Öffentlichkeit zu bewegen, in diesem Land so etwas ist, wie durch ein Minenfeld zu spazieren. Ich bin gerne jüdisch in diesem Land. Ich bin nur ungern »öffentlich« jüdisch, denn ich befürchte, dass die rätselhafte Komplexität dieses Identitätsaspekts dadurch stark reduziert und vereinfacht wird.

Man kann viel Widersprüchliches zum Thema Judentum in Deutschland sagen, aber eines kann man nicht bestreiten: die aufgeladene Natur des Begriffs. Nirgendwo in der Welt wird Jüdischsein so intensiv verhandelt wie hier. Alles, was ich bisher in dieser Hinsicht für gegeben hielt, wird hier unaufhörlich in Frage gestellt – was grundsätzlich gut ist, nur wird es mit solch einer Leidenschaft getan, die immer wieder in zwanghafte Besessenheit zu kippen droht.

Der größte Schock für mich war die Art und Weise, in der sich hierzulande öffentliche Juden gegenseitig in Zeitungsartikeln angehen, sich jeweils vorwerfen, der andere würde gar kein echter Jude sein. Es kommt mir vor wie ein ausgelebter Minderwertigkeitskomplex, der allen in Deutschland lebenden Juden gemein ist: Niemand fühlt sich jüdisch genug für die überhöhten deutschen Ansprüche, also entlastet man sich, indem man den anderen für noch weniger jüdisch erklärt. In welchem anderen Land ist so etwas vorstellbar? Ich versuchte mir vorzustellen, wie es wäre, wenn zwei jüdische New Yorker Schriftsteller so etwas unternehmen würden: welche Zeitung in Amerika würde bei so etwas überhaupt mitmachen? Doch deutsche Zeitungen geben sich gerne für so einen »Catfight« her: wenn Juden sich gegenseitig öffentlich zerfleischen, wird damit nicht jedes unterschwellige Klischee über Juden bedient? Vielleicht deshalb erscheint mir der Jude in Deutschland als eine rein deutsche Erfindung, anders als die Juden, die außerhalb dieser Schemata vorkommen.

Kurz nach meinem Umzug nach Berlin, als ich noch tatsächlich sehr naiv und zuvorkommend war, hatte sich ein junger Mann mit mir angefreundet, der sich als deutscher Jude ausgab. Er brüstete sich geradezu mit seiner Liebe zu Israel und seinem angeblich fließenden Hebräisch und war schockiert, dass ich noch nie dort gewesen war und nur das Althebräische sprechen konnte, was mit der modernen, zionistischen Sprache kaum etwas zu tun zu haben schien. Sogar beschneiden lassen hatte er sich, als er volljährig wurde, erzählte er mir, um seiner jüdischen Identität eine entsprechende Legitimität zu verleihen. Erst als wir tatsächlich gemeinsam in Israel waren, öffneten sich die ersten Löcher in seiner sorgfältig verwobenen Geschichte: das Hebräische kam ihm irgendwie nicht aus dem Mund. Davon schien er selbst überrascht. Erst als ein Berliner Nachbar mich mit ihm beim Kaffeetrinken sah und beiläufig fragte, wie es dazu kam, dass ich mit seinem alten Schulfreund da saß, kam die ganze Wahrheit heraus. Nicht mal sein Name war echt, die Beschneidung wohl eher aus medizinischen Gründen geschehen, so erzählte der Schulfreund, und jüdische Herkunft, versicherte er mir, besaß er mit hundertprozentiger Sicherheit nicht. Nun so bloßgestellt, verschwand der Hochstapler umgehend aus meinem Leben; über die Jahre hörte ich, wie er immer wieder neue Freundeskreise ausfindig machte, in denen er sich erneut als Jude präsentierte oder zumindest für einen gehalten werden konnte. Und dann, nach einer kleinen Ruhepause, tauchte er vor einigen Jahren als »normaler« deutscher Journalist wieder auf, dessen Zeitungsbeiträge sich aber vor allem durch heftigste Israelkritik auszeichneten. Ich schickte daraufhin seinen alten Schulfreund, meinen Nachbarn, wieder los, um diese Umkehrung der Verhältnisse zu erforschen. *Er müsse sich von der deutschen Sicht befreien*, hieß es da auf einmal ganz selbstkritisch, *diese habe lange vorgeherrscht. Nun schäme er sich seiner Vergangenheit und sei entschlossen, der Sache ins Auge zu blicken.* Ist das nicht einfach die andere Seite der Medaille, fragte ich meinen Nachbarn. *Na eben, klassischer Judenfetisch*, antwortete mir der. Und seitdem ist dieses Wort bei mir hängen geblieben.

Es ist ein gemeines Wort, keine Frage. Jemandem einen Fetisch anzuhängen hat etwas Herablassendes, Entwertendes. Man will damit den besagten Menschen beschämen, sogar verspotten, als hätte er sich diese Besessenheit aus Schwachsinn oder Dekadenz selbst ausgesucht, als könnte man ihn für schuldig daran erklären, für verdorben oder verwerflich. Wenn ich an diesen jungen Mann denke, der mir damals nichts als durch und durch verwirrt vorgekommen war, als verloren auf seinem Lebenspfad und hungrig nach moralischen Antworten, voller Sehnsucht nach einer soziopolitischen Erlösung zu Fragen der Geschichte und wie sie in der Gesellschaft nachwirkte, dann finde ich, dass ein Judenfetisch eigentlich den Träger zum Opfer erklärt. Er ist Opfer eines Diskurses und einer Dynamik, die es nachkommenden Generationen erschwert, das Gefühl eines gerechten und aufrechten Lebens zu führen, ohne sich selbst verzerren und verbiegen zu müssen.

In meinen Bekanntenkreisen in Berlin ist das Wort »Judenfetisch« ein gängiger Begriff, der ein Verhältnis zu einer Projektionsfläche beschreiben soll, mit der sich Deutschland, und viele Deutsche, zwangsläufig und zwanghaft auseinandersetzen, im Guten wie im Schlechten. Das kann zu einer kompletten Verkörperung dieser Projektion führen oder eben der intensiven Ablehnung davon, aber im Prinzip ist das Verhältnis so oder so unauflösbar. Neutralität gegenüber dem Judentum scheint unmöglich. Damit zu spielen und davon zu profitieren, haben viele Juden wie Nicht-Juden gelernt, und das Ergebnis ist ein permanent aufgeführtes Varieté, das mit dem echten jüdischen Leben in diesem Land nichts zu tun hat und dennoch als spöttisches Zerrbild dessen dient. Ich möchte genauso wenig in dieses Licht gerückt werden wie meine jüdischen Freunde in Berlin, die sich von der öffentlichen Vertretung des Judentums wenigstens entfremdet und schlimmstenfalls beleidigt fühlen.

Ich bin seit über acht Jahren in Deutschland. Davor habe ich gar nicht in Betracht ziehen können, dass es hier überhaupt ein jüdisches Leben gibt. Nachdem ich angekommen war, nahm ich das öffentliche Judentum als die wahre Vertretung dieses Lebens hin. Mit der Zeit habe ich gelernt, etwas genauer hinzuschauen, heute lehne ich diese Performance, insoweit es als Schriftstellerin überhaupt geht, entschieden ab. Aber gibt es überhaupt einen authentischen Raum für jüdische Identität in Deutschland? Oder müsste dieser noch geschaffen werden? Und die größte Frage: Interessiert dies ein Publikum überhaupt, oder wollen wir unsere Unterhaltung um jeden Preis beibehalten?

Die Fetischisierung der jüdischen Identität in Deutschland ist für mich nicht als Jüdin interessant, sondern als Mensch, der seit seinem Aufbruch in die Freiheit beobachten konnte, wie Identität an sich in unserer Welt zunehmend fetischisiert wird, und genau so wie ich es in meiner Gemeinde erlebt habe, über alles andere erhöht wird. Man denkt, das Ausleben der Identität auf performative Art sei radikal, weil die Mehrheitskultur so lange nur eine Version dieser Performance akzeptierte, dabei ist es die gleiche »Radikalität«, die sich immer wieder in der Geschichte gezeigt hat. Es ist nur ein radikales Zerbröseln, ein Zerstörungsimpuls, aus Wut und Frust geboren; Performance einer Identität macht diese nicht stärker, stabiler oder wahrhaftiger, im Gegenteil, je mehr sich die öffentliche Repräsentation von der Wahrhaftigkeit des Individuums abspaltet, desto unsichtbarer und unwirksamer wird dieses Individuum in der Gesellschaft. Die wahre Befreiung besteht in der Demontage der gesamten Aufführung an sich. Denn ist es nicht sehr gefährlich, die Prinzipien einer angeblichen Gemeinschaft über die eigenen Träume und Impulse zu stellen? Wozu diese Loyalität Begrifflichkeiten gegenüber, wenn sie dem Menschen im Gegenzug keine Loyalität zu bieten haben?

Im Herbst 2019 lud eine lange in Berlin lebende amerikanisch-jüdische Freundin mich und eine andere Bekannte in die Komische Oper ein, wo Barrie Kosky *Candide* aufführen ließ. Wir saßen relativ gut, denn meine Freundin kannte eine Sängerin im Haus persönlich und hatte für uns gute Karten ergattert – hinterher waren wir noch auf einen Drink mit der Gönnerin verabredet, denn wir wollten uns selbstverständlich bedanken. Die Sängerin hatte einen fantastischen Abend versprochen. Man erklärte mir, Barrie Kosky sei selbst Jude und unter den Deutschen äußerst beliebt. Ich war mir bewusst, dass es in der Geschichte Candides auch einen jüdischen Anteil gab, genauer gesagt, eine jüdische Figur, die nicht sehr weit weg von den üblichen Klischees war, also war ich gespannt auf Koskys Umsetzung.

Das Stück lief zuerst relativ traditionell ab, wenn auch überaus bunt und lebendig. Im Publikum gab es viele Lacher, man merkte, dass die Stammgäste alle große Kosky-Fans waren. Dann kam es endlich zu dem Kapitel der Geschichte, auf das ich so neugierig wartete. Als die Juden die Bühne betraten, sah ich verblüfft zu meinen Begleiterinnen hinüber, und sie schauten genauso irritiert zurück. Denn die Figuren waren wie Karikaturen von Chassiden gekleidet, samt Schläfenlocken und angeklebter Hakennasen. Sie sprangen auf lächerlich übertriebene Weise auf der Bühne herum, ein Auftritt, der im Vergleich zu den anderen Figuren, die alle eher geschichtstreu und glaubwürdig dargestellt worden waren, nur höhnisch und erniedrigend wirken konnte. Diese Figuren waren die ersten und einzigen »Hofnarren« im Stück; sie wirkten auf verstörende Weise deplatziert.

»Bin ich die Einzige, die das antisemitisch findet?«, flüsterte meine Freundin links von mir. Ich war erleichtert. »Ich kann es auch nicht fassen«, antwortete ich. »Wie ist das möglich? Er ist doch Jude!«

»Sollen wir gehen?«

»Vielleicht warten wir ab, vielleicht gibt es eine Pointe?«

Wir warteten ab, aber eine Pointe gab es nicht. In der Pause entschieden wir uns, das Haus zu verlassen; mit einem hastig ausgedachten Vorwand entschuldigten wir uns bei der Sängerin, die es anscheinend nicht für möglich gehalten hatte, dass wir uns durch die Aufführung beleidigt fühlen könnten.

Anschließend setzten wir uns ins Restaurant nebenan, bestellten uns Trostschnitzel. Wir waren alle eine Weile sprachlos. Nur das Klappern des Bestecks, mit dem wir an die riesigen Schnitzelstücke gingen, um sie zu zerkleinern, war zu hören.

»Ich denke, das kann man nur auf eine Weise erklären«, sagte die Freundin, die uns eingeladen hatte, endlich, während sie langsam und nachdenklich ein zerhacktes Stück Schnitzel in Preiselbeermarmelade schwenkte. »Kosky denkt, dass sein deutsches Publikum nur so einen Juden erkennen kann, und kommt ihm deshalb in dieser Hinsicht entgegen.«

»Das ist mir zu einfach, zu grob«, meinte ich. »Für mich ist es eher mit der Abkoppelung von seiner eigenen Identität zu erklären. Er weiß auf einer rationalen Ebene, dass er Jude ist, kann sich aber emotional nicht damit verbinden, was auch legitim ist, und setzt deshalb diese Figuren auf die Bühne, weil er sie genauso sieht wie sein Publikum. Er selbst kann sich einen Juden als darstellerisches Konzept nur so, wie wir es gerade gesehen haben, vorstellen. Es ist wie eine Persönlichkeitsspaltung. Der Antisemitismus darf das Jüdischsein bestimmen, und alles, was nicht darunterfällt, ist also das Nicht-Jüdischsein, es gehört nicht zu dem von Außen auferlegten Narrativ. Kosky kann sich jenseits der antisemitischen Klischees selbst keine jüdischen Figuren vorstellen, weil er sie nur innerhalb dieser Zusammenhänge je wahrnehmen durfte. Für alles, was darüber hinausgeht, hat er schlicht kein Gespür – wieso auch? So etwas ist nicht ungewöhnlich, wenn man sich überlegt, wie weit weg viele Juden heutzutage von ihrer eigenen Herkunft sind. Wie sonst sollen sie auf das Judentum blicken, wenn nicht durch diese uralte, omnipräsente Brille des Antisemitismus, die ihnen genauso aufgezwungen wird wie allen anderen in der Gesellschaft?«

»Aber was ich nicht verstehe«, entgegnete meine Freundin, »ist, dass alle anderen Figuren in diesem Stück doch so human waren, so menschlich greifbar und absolut würdevoll präsentiert – nur diese eben nicht. Das heißt, er hat einen klaren Begriff der menschlichen Würde, kann diesen nur nicht den Juden zuordnen. Ich kann mir das einfach nicht erklären, dass ihm das so durchgerutscht ist. Er ist doch Künstler. Da muss eine bewusste Absicht dahinterstecken.«

»Vielleicht sieht er die Juden der Vergangenheit so? Viele haben sich von der Internalisierung der antisemitischen Vorurteile nur insofern befreit, als dass sie ihr jüdisches Dasein vollständig nach modernen Maßstäben umgestaltet haben. Das heißt, jemand kann heutige Juden nicht mit früheren Juden gedanklich zusammenbringen. Sind vielleicht diese jüdischen Figuren in der Geschichte für ihn Teil einer Vergangenheit, die er als rechtmäßig abgestreift sieht und deshalb dieser Behandlung würdig?«

Die andere Freundin meldete sich zu Wort:

»Wir werden es wahrscheinlich nie endgültig wissen. Was sicher ist, ist, dass wir uns alle drei im Saal so unwohl gefühlt haben, dass wir die Aufführung frühzeitig verlassen mussten. Und alle anderen, die geblieben sind und laut gelacht haben, sie haben sich offensichtlich sehr wohlgefühlt. Und am Ende muss Kosky diesen Menschen gefallen, und nicht uns.«

»Eben. Juden, die keinen eigenen Bezug zu ihrem Judentum haben, denen bleiben nur die Bezüge der Nicht-Juden. Und die sind meistens, wenn nicht offen antisemitisch, zumindest vom Antisemitismus geprägt.«

Hat sich an diesem Abend zum ersten Mal bei mir die Theorie kristallisiert, dass der Großteil dessen, was in der Außenwelt über das Judentum zu finden ist, durchdrungen ist von einer Kultur, die den Judenhass längst tief in sich verinnerlicht hat? Dass Juden von Nicht-Juden in dieser Sache kaum voneinander zu unterscheiden sind, weil sie ohnehin von derselben Kultur geprägt werden? Wie weit ging das zurück? Zu welchem Zeitpunkt hätten sich jüdische Ideen noch von anderen, fremdbestimmten Blicken unterscheiden lassen? Gibt es überhaupt noch etwas am Jüdischsein, was wirklich jüdisch ist?

Zurück in Ost-Jerusalem, in unserem gemütlichen Hotel: Es bleiben uns nur noch ein paar Tage bis zum Rückflug. Den Höhepunkt meiner Reise nun hinter mir, verabrede ich mich mit einer jungen Journalistin namens Leila mittags in dem begrünten Innenhof, während mein Partner Geschäftliches regelt. Ich kenne die junge Frau bisher nur vom Hörensagen und natürlich von Social Media. Früher eine Journalistin für den öffentlich-rechtlichen Rundfunk in Deutschland, arbeitet sie seit Kurzem für eine Deutsche Stiftung in Ramallah. Aber sie kreiert immer noch kleine, sendungsreife Geschichten aus ihrem Alltag in Israel und in den besetzten Gebieten und lädt sie auf ihrem eigenen Kanal hoch. Sie hat sich damit eine treue Gefolgschaft gesichert, eine, die überraschend nachdenklich ist, wenn man sich überlegt, wie sonst in sozialen Medien über diese Themen diskutiert wird. Diese Nachdenklichkeit führe ich auf Leila zurück, beziehungsweise auf ihre Art zu berichten, weil sie sich stets auf das Spezifische, das Individuelle fokussiert und von Polemik fern bleibt. Deshalb schaue ich mir ihre Geschichten immer gerne an, obwohl ich mich eigentlich auf politischer Ebene mit Israel kaum beschäftige. Leila macht mir keine Angst, sie vermittelt nicht diesen üblichen Eindruck, alle auf ihren moralischen Fehlern aufspießen zu wollen. Jetzt bin ich hier im Land, und so hatte ich ihr eine Nachricht geschrieben, in der Hoffnung, sie würde sich mit mir treffen wollen. Sie hatte sofort reagiert und angeboten, zu mir ins Hotel zu kommen. Wir hatten 13.00 Uhr ausgemacht.

Ich warte nun am Tisch, bestelle ein Getränk nach dem anderen. Eine Stunde zieht vorüber, weitere dreißig Minuten. Leila schickt mir Bilder von den langen Staus vor den Checkpoints. Es tue ihr so leid, schreibt sie. Eine Strecke, die eigentlich nicht mehr als eine halbe Stunde dauern sollte, dauere nun mehr als zwei. Der Kellner macht mich darauf aufmerksam, dass die Küche bald schließen wird. Ich fotografiere die Speisekarte und schicke sie ihr per SMS, damit Leila schon im Voraus etwas bestellen kann, und erkläre dem Kellner, dass meine Freundin leider noch hinter den Checkpoints steckt.

»Welche Route hat deine Freundin aus Ramallah genommen? Die kurze, oder die lange? Die lange geht schneller. Ich weiß das, ich wohne auch in Ramallah und stehe jeden Tag um vier Uhr auf, um zeitig zur Arbeit zu kommen.«

»Aber wann bist du dann wieder zu Hause?«, frage ich.

»So gegen zehn Uhr abends.«

»Du schläfst also kaum. Wie hält man so etwas auf Dauer aus?«

»Das ist hier einfach normal«, antwortet er mit einem Achselzucken. »Das macht doch jeder Palästinenser, der in Israel arbeitet. Und wir wollen doch hier arbeiten. Also beschweren wir uns nicht.« Er presst seine Lippen zusammen, als würde er sich dazu zwingen wollen, nicht weiterzureden, als hätte er sich an eine Arbeitsregelung erinnert, die ihm das »Politisieren« verbieten würde.

Ich denke an eine andere Mahlzeit hier im Hof, als mein Partner unbedingt einen lokalen Wein hatte ausprobieren wollen. Nachdem der Kellner einen gebracht hatte, der überraschend gut schmeckte, hatte er noch gefragt, ob dieser Wein israelisch oder palästinensisch sei. »Hier im Hotel herrscht immer Frieden«, hatte der Kellner mit einem Schmunzeln, das seine ernsten Augen kaum erreichte, diplomatisch erwidert. Ich dachte gleich, wie aus dem Anleitungsheft eines Callcenters für schwierige Kunden.

Leila erscheint endlich, als die Küche längst zu hat. Ihr Essen steht schon auf dem Tisch, nur noch lauwarm. Wir haben uns beide für traditionelle Gerichte entschieden. Es schmeckt sehr gut, ich staune, wie gut man hier essen kann, *es ist das Einzige hier, worüber sich nicht meckern lässt,* sage ich und meine es fast ernst, und Leila grinst, während sie auf die angeblich zugenommenen Kilos an ihren Hüften deutet und erzählt, wie gut es ihr hier gehe, in dieser und vielerlei

Hinsicht, alles schmecke ihr, alles rieche gut, die Luft fühle sich richtig an, kurzum, sie fühle sich zu Hause, obwohl sie bis zum Antritt ihrer Stellung wenig Ahnung von diesem Land gehabt habe.

Sie zieht ihr Handy aus der Tasche, zeigt mir ein Bild von ihren Eltern, von ihrer deutschen Mutter, blond, schlank, mit einem ironisch lächelnden Gesicht, und von ihrem palästinensisch-stämmigen Vater, auch er schlank und stilvoll, ja fast jugendlich gekleidet, mit auffällig coolen Sneakers. Die beiden sitzen auf der Treppe vor ihrem norddeutschen Zuhause, da wo auch Leila aufgewachsen ist, und sie wirken – ja, ich sage es ihr – »wie verdammt coole Socken«, sie sind hübsch, modisch und vor allem ganz klar im Westen zu verorten.

Leila nickt zustimmend. »Du, ich bin einfach so deutsch!« Sie lacht herzlich. »Die Herkunft meines Vaters war ehrlich gesagt nie ein Thema. Ich habe recht spät angefangen, mich damit auseinanderzusetzen. Mein Papa zeigt wiederum immer noch wenig Interesse an der Sache. Er versteht nicht, warum mein Bruder und ich plötzlich so fixiert sind. Er hat es geschafft, sich neu zu verwurzeln; er sagt, er habe keinen emotionalen Bezug zu diesem Land. Aber ob das stimmt, kann er gar nicht wissen. Er war noch nie hier.«

»Du warst ja sehr erfolgreich in Deutschland. Du hast dir eine beachtliche Karriere aufgebaut. Und jetzt bist du in ein sehr heikles Thema verstrickt, das schon viele solcher Karrieren beendet hat.«

»Du sagst es! Ständig setzt man mich auf irgendwelche schwarze Listen, jede Woche ruft man bei meinem Arbeitgeber an, um ihn unter Druck zu setzen, mich zu feuern. Wenn ich einfach eine Deutsche wäre, dann würden sie es vielleicht nicht so weit treiben. Aber ich habe eben diese palästinensischen Wurzeln …«

»Und du erzählst viel … und das auf unheimlich sympathische Weise. Du gehst ins Detail, du machst einen guten Job. Das ist ja eher die Bedrohung. Wenn du einfach auf Twitter rumpöbeln würdest, würden die sich vielleicht nicht so viel Mühe geben.«

»Aber ich bin hier auf niemandes Seite! Guck mich an, ich bin komplett säkular aufgewachsen, ich habe wenig mit dem Islam am Hut, im Gegenteil, ich kritisiere hier auch viel in Bezug auf Frauenrechte und so weiter … und ich gehe die politische Sache absolut pragmatisch an. Ich lebe nicht in einer Traumwelt; ich verstehe schon, dass wir alle miteinander auskommen müssen. Wir sind doch nun mal alle schon hier! Zurück in die Vergangenheit schauen, um alles irgendwie zum zigten Mal auseinanderzunehmen, das bringt uns doch nicht weiter. Wir müssen die Lage akzeptieren, wie sie ist, und in die Zukunft schauen.«

Ich lächele melancholisch.

»Wieso bist du skeptisch, was hältst du eigentlich davon?«, fragt sie mich.

»Was ich davon halte? Das ist schwer zu sagen, das geht für mich persönlich wahrscheinlich am Thema vorbei. Es ist nicht schwer, etwas über meine Haltung herauszufinden, ich habe mich in meinen öffentlichen Aussagen immer wieder als Humanistin bekannt. Aber ich beschäftige mich mit dem Nahostkonflikt auf dieser Ebene eigentlich nicht, was vielleicht inkonsistent erscheinen mag. Ich glaube, das liegt an meinem religiösen Hintergrund, an meinen Erfahrungen, die ich in der fundamentalistischen jüdischen Welt gemacht habe. Ich bin daher überzeugt, dass es egal ist, ob ich mit dir d'accord bin oder nicht – säkulare, liberale Juden und Araber werden sich ja nie wirklich schwertun, sich zu verstehen, wenn sie es wollen. Aber unser gemeinsames Anliegen, wenn ich es so nennen darf, kommt mir unrealistisch, ja sogar wahnhaft vor. Du hast dich schon mit dem Extremismus im Islam auseinandergesetzt, ich tue das Gleiche mit dem Judentum. Und auf beiden Seiten wächst dieser ungeheuer schnell. Und je mehr Extremisten es gibt, desto weniger Gemäßigte. Die Wahrscheinlichkeit einer Annäherung ist nicht größer geworden, sondern kleiner … und sie wird bald völlig verschwinden. Da fühlt es sich schon sehr naiv an, sich mit linken Juden und säkularen Arabern zu verbünden, um Protest-Aktionen zu veranstalten. Diese Stimmen sind im Prinzip irrelevant, weil sie keinen Bezug zur politischen und kulturellen Realität haben. Ich glaube, der Grund, warum ich mich bisher so schwer in die Diskussion einbringen konnte, die ja in Deutschland täglich aufflackert, ist, dass es mir so lächerlich vorkommt, auf einer so dünnen, fragilen Diskursgrundlage zu operieren, wenn es doch offensichtlich scheint, dass diese Grundlage schon bald ganz und gar in sich zusammenfallen wird.«

Sie schaut mich mit weit aufgerissenen Augen an. Ich fahre fort:

»Die Menschen, die dich auf schwarze Listen setzen, das sind radikale Leute mit einer ganz klaren Agenda. Sie wollen genauso wenig Frieden wie die Hamas. Und sie werden schon bald die absolute Macht haben. Und dann wird es egal sein, wie Menschen wie wir über den Nahostkonflikt reden.«

Leila lässt Messer und Gabel auf den Teller fallen und lehnt sich in ihrem Stuhl zurück.

»Puh. Also, ich sehe sicherlich ein, was du sagst. Aber was für eine furchtbare Vorstellung. Es ist jetzt schon so hart. Und es gibt gar keine Hoffnung?«

Ich erzähle ihr von dem siebenjährigen Mädchen, das schon vor zehn Jahren in einem ultra-orthodoxen Viertel Israels von Männern mit Steinen beworfen wurde, weil es ihrer Meinung nach nicht sittsam genug gekleidet war, obwohl der Rock und das Hemd in jeder Hinsicht vorschriftsgemäß waren, denn das Mädchen stammte aus einer praktizierenden Familie in derselben Gegend. Die Nachrichten gingen damals um die ganze Welt. Ich hatte gerade mein erstes Buch in Amerika veröffentlicht, und als ich auf meiner Lesereise die vielen kleinen jüdischen Gemeinden in den abgelegeneren Bundesstaaten besuchte, die immer einen starken, wenn auch nur theoretischen Israelbezug hatten, machte ich mein Publikum immer wieder auf diese Geschichte aufmerksam, um zu erklären, dass meine Geschichte keine Erzählung aus einer Nische war, die im Schwinden sei, sondern aus einer Welt kam, die wie ein Drache unter ihren Füßen schlummerte. Aber sie schauten nur immer ganz verständnislos. Es war nicht das Judentum, das sie kannten, von daher vermochten sie nicht zu glauben, dass es auch existieren würde. Und dann, fast zehn Jahre später, als ich virtuelle Lesungen in der Pandemie gab und ich mit Juden in Texas, Michigan, Kansas, Georgia, ja überall außer der Ost- oder Westküste, sprach und die Veränderungen in der israelischen Gesellschaft nun doch langsam auf dem Radar auftauchten, da schauten sie mich immer noch so an, aber ich sah die Spuren des Entsetzens in ihren Augen, hörte sie in ihren Fragen und sah die Mühe, die sie sich gaben, diese aufkommende Realität zu verdrängen. Sie wähnten sich wohl genauso machtlos wie ich mich selbst. Aber sie verstanden auch, dass diese Veränderung sich auf ihr Leben auswirken würde. Toleranz, wenn nicht sogar Unterstützung des Fundamentalismus im Judentum, würde politische Destabilisierung bedeuten, mit unabsehbaren Folgen für ihren Platz in der Weltgemeinschaft.

»Alles nur noch eine Frage der Zeit«, erkläre ich, »bis diese Menschen die demographische Mehrheit bilden. Das sage ich seit Jahren auch öffentlich. Und es scheint bei niemandem anzukommen. Gerade bei den Menschen nicht, deren Leben sich am stärksten zu verändern droht. Genau die sollten eigentlich das meiste Interesse daran haben, so schnell wie möglich politisch einzugreifen, bevor es zu spät ist. Sie haben sich nie mit der orthodoxen Welt beschäftigt, nie versucht, mit ihr eine Beziehung aufzubauen, eine Kommunikation herzustellen. Dabei hätten sie erheblichen Einfluss ausüben können. Aber diese Welten haben sich nie berührt, sie können einander nicht einmal begreifen.«

Ich erinnere mich an meinen letzten Besuch in Tel Aviv, vor Corona, als ich für meinen Roman recherchierte. Der israelische Freund von mir aus Berlin, mit dem ich ein paar Tage zusammen verbrachte, war zu der Zeit schon ein radikaler Linker mit unehrenhafter Entlassung aus der Israelischen Armee, weil er versucht hatte, sich selbst Schaden zuzufügen, und er nahm mich mit in eine Bar, die von einem alten Freund aus der Armee betrieben wurde.

Die Bar war sehr chic, die Karte war auf kleine Papierservietten gedruckt. Ich las langsam auf Hebräisch nach, sprach die Silben phonetisch aus: »*Ha-Cack-Teil-Im* …«, und um mich herum lachten sie alle laut auf. Ich sah natürlich sofort auf die zwei »J«, die ich als

»Ei« statt »Ey« verstanden hatte, und versuchte mich auf »Ha-Cocktail-Im« zu korrigieren, auf Deutsch »die Cocktails«, aber der Barkeeper erkundigte sich schon bei meinem Begleiter, woher er diese Oma hatte, die so Hebräisch spreche wie im alten Schtetl.

»Oder wie im neuen Schtetl«, sagte ich dem Freund, »von welchen es hier ja auch jede Menge gibt.«

»Für diese Menschen hier ist so eine Aussprache aus der fernen Vergangenheit. Nur ihre Großeltern und Urgroßeltern haben so gesprochen. Israelis sprechen nicht so.«

»Liberale Israelis.«

»Eben.«

Ich entschuldigte mich, um auf die Toilette zu gehen. Sie war in einer oberen Etage, und an der Wand gegenüber der Treppe sah ich zuerst ein Schild, das auf Hebräisch mahnte: *Tochter Israels! Ihre Schönheit wird an Ihrer Sittsamkeit gemessen.*

»Ein Witz natürlich«, beruhigte mich meine Begleitung, als ich ihm davon berichtete. »Es verspottet genau diese Kultur, der du entkommen bist. Entspann dich, du bist hier sicher.«

»Ich glaube, auch wenn ich versucht hätte, säkulare Israelis über diesen Teil ihrer Welt eingehender aufzuklären, hätten sie es nicht ernst genommen«, sage ich zu Leila. »Es ist wie in den USA. Als ich Leuten vor der Wahl 2016 erzählt habe, Trump würde gewinnen, dachten sie, ich wäre entweder wahnsinnig geworden oder dumm. Sodass ich mich manchmal selbst hinterfragen musste, warum ich ein so anderes Bild von Amerika hatte als sie. Aber ich glaube, sie waren einfach sehr gut im Verdrängen. Jeder hängt in seiner Blase und versucht sich jede Drohung kleinzureden mit Spott und Herablassung. Aber es ist im Prinzip infantil. Und ich bin so müde. All diese pseudointellektuellen Diskussionen über die oberflächlichsten Themen! Jeder schreit ein Publikum an, das schon längst mitschreit. Viele Echokammern, nur um damit die eigentlichen Gefahren zu übertönen.«

Leila hat einen so schockierten Ausdruck im Gesicht, dass ich mich plötzlich schlecht fühle. Ich reiße mich zusammen.

»Also gut, ich meine, es gab schon sehr viele unschöne Zeiten in der Geschichte. Man kann nur das tun, was die Menschen immer taten: versuchen, auf unsere kleine, individuelle Art etwas zu ändern. Du erzählst Geschichten, bewegst Menschen. Und ich muss schauen, wie ich auf meine Weise etwas erreichen kann. Aber dieses Gefühl der Vergeblichkeit ist mir eine sehr große Belastung. Das Handeln fühlt sich angesichts der Lage so nichtig, so unbedeutend an, dass man sich oft vollständig gelähmt fühlt, stumm und wie eingefroren, überwältigt von dem Wissen der eigenen Unwirksamkeit.«

Der Krieg ist in Israel präsent, aber das Land schweigt offiziell zum Thema, obwohl seine ukrainisch-jüdischen sowie russisch-jüdischen Bürger in den Straßen protestieren. Selenskyj ist für Israel kein Jude, weil er sich mit einem anderen Land stärker identifiziert. Er selbst könnte hierher flüchten, aber er möchte bekanntlich keine Mitfahrgelegenheit, sondern Munition. Die Israelis haben jede Menge. Wenn sie in einer Sache gut sind, dann im Krieg. Israel schützt seine Juden, jeden Tag, behauptet man. Aber eben nur *seine* Juden. Alle anderen, die sich von Israel körperlich fernhalten, sind keine *wahren* Juden, die sind nur Nutzjuden, die dafür gut sind, Israel im Ausland zu verteidigen, aus einem fehlgeleiteten Loyalitätsgefühl heraus, das ganz offensichtlich einseitig ist.

Ich bin für israelische Juden nicht eine von ihnen. Dafür wird es viele Gründe geben, und nicht alle sind feindseliger Natur. Auch im Land selbst gibt es welche, die sich nicht dazuzählen, oder dazugezählt werden. Und an dieser Einstellung lässt sich, so fürchte ich zumindest, schwer etwas ändern. Im Ausland ist es nicht ganz so leicht, mir mein Jüdischsein abzusprechen, wie in Israel, denn ich besitze die fragwürdige Währung des erlebten Judentums, und zwar in ihrer fast extremsten Form. Viel eher versucht man mich auf Grund dieser Erfahrung für ungültig erklären zu lassen, oder noch härter, als eine sich selbst hassende Jüdin abzustempeln, die Schlimmste unter den schlimmsten Antisemiten sozusagen. Die Idee dahinter ist, dass ich nicht anders kann, als das Judentum zu verachten, da ich es in seinen problematischen Kernfacetten erlebt habe. Meine Gegner sehen es sogar als logisch an, das heißt, auch sie denken, sie würden in meiner Situation zu Judenhassern werden. Entsprechend dieser Logik scheint man sich vom Antisemitismus nur retten zu können, indem man sich vor der Wahrheit über das »Judentum« abschirmt. Ist das nicht eigentlich der echte Antisemitismus?

Juden im Ausland sind im Allgemeinen auf schüchterne, fast rührende Weise stolz auf Selenskyj, denn er ist die erste jüdische Figur, die im Westen als klassischer Held auftritt. Aber viele Juden in Deutschland sehen das anders, sie sind skeptisch. Denn Selenskyj passt nicht ins deutsch-jüdische Narrativ, das die Diaspora als Löwengrube darstellt und Israel als einzigen sicheren Ort.

Ich erinnere mich, als der Krieg ausbrach, wie der Antisemitismusbeauftragte der Berliner Jüdischen Gemeinde, dessen Mutter aus Lemberg stammt, auf Facebook schrieb, dass die ukrainischen Nationalisten damals für das große Pogrom in Lemberg verantwortlich waren und dass sie Verbrecher, Mörder und Antisemiten seien. Unter der Aussage reihten sich schnell Stimmen aus der Gemeinde ein:

»Wieder einmal zeigt sich, dass wir zwischen allen Stühlen sitzen.«

»Jews don't count.«

»Solche Gene werden natürlich vererbt.«

Einige Stimmen hielten dagegen:

»Der Antisemitismusbeauftragte macht sich hier zum Propagandisten Putins.«

»Jetzt ist die falsche Zeit dafür.«

»Das Ertragen von Ambivalenzen ist gerade sehr unmodern, in diesem Fall aber nötig.«

Der besagte Herr publizierte dann später einen Artikel in der *Jüdischen Allgemeinen*, wo er behauptete, wichtig sei, sich an die rassistische und rechtsnationalistische Geschichte des Landes zu erinnern. Er plädierte dafür, die Ukraine durch die Linse der Vergangenheit zu betrachten. So wie es Israel in Bezug auf den Holocaust macht und was das Land von allen Juden zu fordern scheint: die Gegenwart darf nur als Vergangenheit betrachtet werden, nur auf dieser Basis darf gehandelt werden.

Zur selben Zeit schrieb Tim Judah in der *New York Review of Books* über das blühende jüdische Leben in der Ukraine, über die faktische Irrelevanz von Rechtsextremismus in einem Land, in dem dreiundsiebzig Prozent aller Bürger und Bürgerinnen einen jüdischen Präsidenten gewählt haben, über die Gefahr, eine Vergangenheit auf das Land zu projizieren, wenn doch genau diese verzerrte Sicht Putin dazu geführt hat, den Krieg anzuzetteln, den er immer noch als einen Kampf zwischen den Sowjets und den Nazis sieht. Auch Putin vermag es nicht zu akzeptieren, dass die Ukraine heute ein junges, freies Land ist, mit einer neuen, zur Welt gewandten Identität, mit einem jüdischen Präsidenten, der keinen besonderen Bezug zu Israel hat. Ist es nicht das, was autoritär geprägte Gesellschaften gemeinsam haben, dass sie sich keine Entwicklung oder Veränderung in der Geschichte vorstellen, geschweige denn sie akzeptieren können?

Auch für viele in der jüdischen Gemeinde Deutschlands schien diese Ansicht relevant. Sie sprachen über diesen Krieg, als wäre er nur eine Erweiterung des Zweiten Weltkrieges. Sie hingen am gewohnten Narrativ, statt sich der Realität zu stellen. Deutsche Intellektuelle wie Kulturpersönlichkeiten beriefen sich im Fernsehen und in den Zeitungen ebenfalls auf die »schmerzhaften Erinnerungen« und präsentierten diese als Erklärung, warum man sich hier *gerade nicht* einmischen dürfe. Ich dachte an die Essays von Jane Kramer über die großen Veränderungen in Berlin, vor und nach dem Mauerfall, die sie damals für *The New Yorker* schrieb: *Das Problem für die Deutschen ist, dass die Nazi-Vergangenheit die Gegenwart mit Implikationen belastet und verwirrt, sodass sie wenig Vertrauen in ihre jetzigen Reaktionen haben.* Dieser Satz war anscheinend immer noch wahr. Um den Frieden zu fördern, muss man die Ukrainer der russischen Brutalität ausliefern, so konnte man schlussfolgern. Dachten nicht viele im Zweiten Weltkrieg, auch die Juden ausliefern zu müssen, damit es nicht zum totalen Krieg käme? Erst als man dann merkte, dass es dabei nicht bleiben würde, schritt man ein. Die Geschichte wiederholt sich, weil die Menschen es so wollen, nicht weil sie einem übernatürlichen Muster folgt.

Mitten in dieser Inkohärenz der Rhetorik strömten unzählige jüdische Flüchtlinge nach Berlin. Der komplizierte Transport von gebrechlichen Holocaust-Überlebenden wurde von mehreren Organisationen wie der *Jewish Claims Conference*, organisiert. Die Gemeinde Chabad, eine messianische Sekte mit Standorten überall in der Welt, die sich mit der Fürsorge um »verlorene« Juden beschäftigt, quartierte sie im Austausch für ihre Sozialhilfegelder, wie mir Flüchtlinge später erzählten, in den Hotels am Kurfürstendamm ein.

Es kam mir sehr viel anders vor als im Jahr 2015. Damals, als ich mit Freunden ins Berliner LAGeSo fuhr, um Essen und andere Notwendigkeiten zu verteilen, war ich noch achtundzwanzig. Das Gelände wimmelte vor jungen Männern, sie liefen unruhig umher. Man spürte die Atmosphäre des Eingepferchtseins. Mir war es damals unbehaglich, sich an einem Ort zu befinden, der ein deutsches Sammellager für Menschen war, überhaupt das Wort »Lager« machte mir ein mulmiges Gefühl. Die Frauen, die uns die Tüten zum Aushändigen in die Hände drückten, sagten uns nur hastig, aber mit Emphase: *Nur an die Frauen und Kinder!*

Aber sie waren nicht zu finden, hielten sich anscheinend in den Gebäuden und Zelten auf, und bevor wir es dahin schafften, hatten uns die Männergruppen schon umkreist und uns alles aus den Händen gerissen. Die Männer waren gereizt und gelangweilt, und wir waren naiv und überfordert, fühlten uns wie Idiotinnen mit unseren guten Absichten. Ich fand später ein paar junge Mädchen und konnte sie mit Spielzeug und Leckereien versorgen. Ein paar Minuten später sah ich, wie ein paar Jugendliche ihnen alles wieder wegnahmen.

Damals wohnte ich noch in Neukölln. In jenem sehr stickigen und heißen Juli waren unsere Straßencafés plötzlich überlaufen von Männern, die auf der Suche nach einem Zeitvertreib waren, denn sie steckten in einem Limbo, durften nicht arbeiten, mussten einfach nur warten, und versuchten sich mit dem Anflirten von jungen westlichen Mädchen abzulenken. Wir ließen uns auf sie ein, fragten sie über ihre Geschichten aus, zeigten Empathie und Verständnis. Aber am Ende des Abends wollten sie uns unweigerlich bis in die Wohnungen begleiten. Wir lernten schnell, keine identifizierbaren Informationen herauszugeben, sonst standen sie unter unseren Fenstern und riefen nach uns, bis es uns gelang, sie abzuschütteln.

»Wo waren die Frauen?«, frage ich M., der 2015 nach Deutschland geflüchtet ist und sich seitdem komplett ins Berliner Leben integriert hat. Damals hatte ihn eine Frau aufgenommen. Heute besitzt er zwei Läden und spricht fließend Deutsch.

»Sie waren alle nach Nordrhein-Westfalen verlegt worden«, erklärt er mir. »Nur die Männer wurden nach Berlin umgeleitet und fügten sich dann hier in die arabisch-sprechenden Viertel ein. Viele hielten das lange Warten nicht aus, tauchten unter. Aber es stimmt nicht, was sie sagen, dass es damals nur Männer waren, die vor den Kämpfen geflüchtet sind, und jetzt nur Frauen, die von ihren kämpfenden Männern in Sicherheit geschickt werden. Ganze Familien sind geflüchtet, ich weiß es, ich war mit ihnen unterwegs, zum Beispiel meine Freundin Z. mit ihren Schwestern. Alle, die konnten, sind weg. Es gab in Syrien für niemanden mehr etwas.«

Doch diese ukrainische Flüchtlingswelle hat ein ausschließlich weibliches Gesicht. Und ich merkte schnell, wie die Frauen um mich herum umso engagierter wurden. Jedenfalls trauten sich die Frauen in Berlin eher Frauen und Kinder als alleinstehende Männer bei sich aufzunehmen. Die Eltern an der Schule meines Sohnes organisierten schnell ein Netzwerk, alle gaben, was sie konnten, egal ob Geld, Kleidung, einen Schlafplatz. Man munkelte von Menschenhändlern, die ihre Fallen aufgestellt hätten, über Mädchen, die schon verschwunden wären, und man fühlte mit als Frau. Wir sahen in den ukrainischen Frauen uns selbst, wähnten uns in vergleichbaren Situationen und fühlten uns emotional angesprochen. Ich fühlte mich auf Grund meiner eigenen Geschichte besonders bewegt.

Mein Sohn hatte bald einen Klassenkameraden aus Charkiw. Er war mit seiner Mutter gekommen, die Reise hatte acht Tage gedauert, und sie hatten es nicht geschafft, irgendetwas mitzunehmen, nicht einmal ihre Ausweise. Sie schliefen in Bahnhöfen und Turnhallen. Jetzt waren sie hier. Da das Kind Englisch sprach, durfte er auf die deutsch-amerikanische Schule. Das hatten die Eltern der Schule mit viel Druck und Beharrlichkeit organisiert. *Nur bis zum Jahresende,* warnte man uns. *Der Senat muss es dann freigeben.* Mit dem Senat würden wir auch noch ringen. Viele ukrainische Kinder kamen gar nicht in die Schule, weil Berlin so schlecht organisiert ist. Fast alles wird selbst gehandhabt, jenseits der Bürokratie, im Schatten des Offiziellen.

P., der neue Schulkamerad meines Sohnes, sei jüdisch, erzählte mir Isaac eines Tages. Seine Mutter würde mich gerne treffen und hören, wie man die deutsche

Staatsbürgerschaft auf Grund seines Jüdischseins beantragen könne. P. würde versuchen für seine Mutter zu übersetzen. Ich bringe zur Sicherheit noch eine Russisch sprechende Freundin mit, und wir treffen uns in einem Café abseits vom Ku'damm, die Frühlingssonne ist stark, und das Erzählen geht langsam, mühsam, traurig. Nur die Kinder lächeln, scheinen glücklich miteinander. N., die Mutter von P., bestellt wenig, weil sie kein Geld hat und sich nicht einladen lassen will. Sie ist alleinerziehende Mutter wie ich, schon immer gewesen. Ihr Vater war jüdisch, dafür habe sie Papiere. In Charkiw waren sie aktiv in der Jüdischen Gemeinde, gingen zu Veranstaltungen in der Synagoge, sie zeigt mir Bilder davon auf ihrem Handy, als würde ich ihr nicht glauben, als müsste sie dringend ihr Jüdischsein zweifelsfrei beweisen, und für mich ist das Erlebnis surreal, dass das Jüdischsein heutzutage etwas sein kann, worum Menschen sich so emotional und verzweifelt bemühen. Die Ironie entgeht mir nicht.

N. war Immobilienmaklerin, relativ erfolgreich, erzählt sie wehmütig. Ihre Wohnung hatte sie vor ein paar Jahren mit langjährigen Ersparnissen gekauft. Jetzt sei sie weg. Alles sei weg. Aber sie möchte von vorne beginnen, das Gute darin finden. Ihr Sohn soll eine gute Ausbildung bekommen, soll durch die Tore der Welt gehen dürfen. Wenn schon, denn schon. Die Einstellung fand ich gut, sogar bewundernswert.

Wir müssen klein anfangen, sage ich. Erst einmal P.s Schulplatz sichern. Eine Wohnmöglichkeit finden, in einer Zeit des eh knappen Wohnraums, damit sie nicht die ganzen Sozialhilfegelder für ihre von der Chabad-Gemeinde angebotenen Schlafplätze abgeben müsse. Kleidung, Haushaltszeug, einen Computer brauchen sie; ich bat sie, eine Liste zu machen, in der Reihenfolge der Priorität.

»Vielleicht auch Kosmetik?«, fragt N. schüchtern. Sie habe sich seit Wochen nicht mehr schminken oder parfümieren können. Sie trage jeden Tag dieselben Klamotten. Sie fühle sich nicht mehr wirklich wie ein Mensch.

Ich tue das Einfachste, was derzeit alle tun. Ich gehe auf meine Social Media-Kanäle. Mit Erlaubnis der beiden erzähle ich ihre Geschichte, obwohl es sich trotzdem komisch anfühlt, ihr Leiden so zur Schau zu stellen, in einer Zeit, in der alles zur Schau gestellt wird. Aber die Angebote trudeln so schnell ein, ich kann gar nicht mithalten. Innerhalb von wenigen Tagen schickt mir N. die Bilder von den unzähligen Geschenken, die meine Freunde und Follower ihr vorbeigebracht haben. Menschen aus der Ferne haben mir ungefragt für sie Geld überwiesen. Ich ziehe es ihr in der Bank um die Ecke, und sie schaut erschrocken, ihr Gesicht ist ganz blass. Sie weiß nicht, wie sie das Geld annehmen kann. Sie hat sich so eine Situation nie vorstellen können. Ich denke an meine frühen Jahre mit meinem kleinen Kind, als ich ganz alleine und mittellos war, und wie Menschen damals mit mir umgingen.

Ich sage ihr: *Du schuldest niemandem etwas. Gib du das Geld aus, wie du es für richtig hältst. Du bist niemandes Wohltätigkeitsfall. Wir wissen alle um unsere politische Mitschuld, um unsere Wohlstandsverwahrlosung auf Kosten anderer Menschen. Diese Hilfe, die von uns kommt, ist keine Großzügigkeit, sondern eine wohlfeile Gewissensentlastung. Ich schäme mich dafür. Ich schäme mich vor dir.*

Diese Frau hat alles verloren, damit wir billige Energie beziehen konnten. Unser schönes, bequemes, westliches Leben haben wir auf Kosten ihres und unzähliger anderer gepflegt.

Wir wollen kalt duschen. Das steht auf den Schildern, die wir bei den Demos von der Siegessäule bis zum Brandenburger Tor hochhalten, um unsere Unterstützung für die Ukraine in Bildern zu zeigen. Aber es ist zu spät. Jetzt bringt es nichts mehr, kalt zu duschen. Erst als wir die Kosten begriffen, erklärten wir uns bereit, unsere Haltung zu ändern. Kann es in der Geschichte überhaupt anders laufen? Warum schaffen wir es nie, zeitig das Ruder herumzuwerfen, bevor das Boot zum Kentern kommt?

Ich kenne eine Erzählung seit meiner frühesten Kindheit, sie handelt von Terach, dem Götzendiener, der seinen Lebensunterhalt mit dem Schaffen und Verkaufen von Götzenfiguren aus Steingut bezog. Eines Tages ließ er seinen Laden vorübergehend in der Obhut seines Sohnes Abraham. Nach ein paar Stunden, in denen Abraham die Kunden, die diese Steinfiguren vergötterten, kritisch beobachtet hatte, nahm der Junge einen Knüppel in die Hand und zerschmetterte die Figuren bis auf die letzte große. Der steckte er dann den Knüppel in die Hand.

Als Terach zurückkam und den Scherbenhaufen erblickte, war er außer sich und zog seinen Sohn zur Rechenschaft. Abraham erklärte, dass sich die Götzen untereinander zerstritten hätten, und der größte unter ihnen hätte alle anderen folglich zerstört. Terach erwiderte: »Das sind doch nur Figuren, und sie haben kein Wissen!« Abraham konterte: »Und doch vergötterst du sie?!«

Es gibt verschiedene Versionen dieser Geschichte, mit mehr oder weniger Details, mit unterschiedlichen Gewichtungen. Es ist eine Geschichte über den Ursprung des Monotheismus. Bei uns endete sie damit, dass Abraham für immer fortziehen musste. Heute propagiert das rabbinische Judentum hauptsächlich diese Version, denn es geht ums Prinzip: die Gläubigen trennen sich von den Ungläubigen.

Ich erinnere mich, wie man mir einmal das Wort »Demokratie« auf dem College erklärt hat. »Du kannst deinen Arm so weit ausstrecken, bis du damit die Nase deines Nachbarn berührst.« Dann ist Schluss mit deiner Freiheit, wenn sie die Freiheit des Anderen beeinträchtigt. Natürlich ist die Demokratie komplizierter als dieser eine Satz, aber das war gar keine schlechte Einführung.

Eigentlich gibt es keinen wirklichen Konsens darüber, was Demokratie konkret bedeuten soll. Wir schmieden immer wieder neu daran. Ich muss zugeben, dass man mich nur schwer überzeugen kann, dass Religion und Demokratie miteinander vereinbar sind.

Das Judentum, mit dem ich aufwuchs, ist nur eine Version unter vielen. Komischerweise ist es so, dass säkulare (sogenannte FREIE) Juden über meine Gemeinde denken: das sind doch die Erzjuden. Wir müssen nur auf die schauen, um das wahre, uralte Judentum zu erleben. Denken Sie tatsächlich, dass die Menschen in der Wüste mit Pelzhüten rumliefen, dass sie schwarz gekleidet das Land beackerten?

Das Judentum, wie es mal war, gibt es nicht mehr. Wenn wir heute übers Judentum sprechen, das einen biblischen Bezug oder eine Berechtigung aufweisen soll, beschäftigen wir uns eigentlich nur mit Hybrid-Imitaten. Manche Identitäten überleben trotz Unterdrückung, und das Judentum wird als solch eine gepriesen, aber manche Identitäten überleben auch gerade deswegen. Das Verfolgtwerden ist auch eine Identität, aber eine, die nur so lange lebendig bleibt, als man die Verfolgung, oder zumindest die Geschichten darüber, am Leben erhalten kann. Ohne dies siegt unweigerlich die Assimilation.

Die Orthodoxie, die wir heute in der westlichen Welt kennen, ist zum großen Teil neu. Überhaupt ist das Rabbinische Judentum, das in Europa gegründet wurde und auf Grund politischer und sozioökonomischer Macht als maßgeblich in der gesamtjüdischen Welt betrachtet wird, nur deshalb entstanden, weil Menschen, die sich als Juden bekannten, eine Religion brauchten, die auch ohne Land und Tempel funktionierte. Deshalb: *People of the Book* statt *People of the Temple.*

In den Büchern schrieben diese Rabbiner über das Schicksal der Juden, das nach der Zerstörung des zweiten Tempels folgte. Sie erzählten von einem Pakt mit Gott, der ganz am Anfang des Exils geschlossen wurde, der drei Schwüre beinhaltete: Wir werden nicht versuchen, das Land selbst zurückzuerobern; wir werden uns den Autoritäten im Exil bedingungslos unterwerfen; wir werden uns immer von den fremden Völkern unterscheiden. Dies klingt sicherlich nicht demokratiefördernd, aber sehr identitätsstiftend.

Man sagt in Deutschland, die Aufklärung habe jüdische Wurzeln. Juden sagen, die Aufklärung sei in Deutschland verwurzelt. Vielleicht ist es auch ein und dasselbe. Jedenfalls ist es diese Geschichte der Aufklärung, die mich nach Deutschland zog. Es ist die einzige Geschichte, die mir eine Möglichkeit bot, eine jüdische Identität mit den mir neuen, demokratischen Werten zu vereinbaren. Auch bei mir wirkt der Reiz der Vergangenheit sehr stark nach.

Die Entscheidung, nach Berlin zu ziehen, die traf ich endgültig, nachdem ich die Geschichte des Solomon Maimon entdeckte. Das talmudische Wunderkind aus dem armen jüdischen Schtetl, mit elf Jahren schon verheiratet, mit vierzehn ein Vater und Talmudlehrer, brachte sich die deutsche Sprache bei und ging zu Fuß nach Sluzk, um einen Rabbiner zu treffen, der in Deutschland studiert hatte. Da lieh er sich Bücher auf Deutsch aus. Und fing schon bald an, die Texte, denen er sich sein Leben lang mit einer so großen Hingabe gewidmet hatte, kritisch zu hinterfragen. Nicht viel anders als Spinoza, der für seine Kritik allerdings mit der endgültigen Verbannung bestraft wurde. Maimon aber hatte Glück, denn er war nicht ganz alleine mit seinen Ideen. Und er wusste, wohin er reisen konnte, um seine Gleichgesinnten zu finden. Im Jahr 1780 schaffte er es in die Stadt Berlin. Dort erlangte er die Gunst eines Mannes namens Moses Mendelssohn und machte sich an sein bevorzugtes Studium: die Philosophie.

Am Ende haben sich Maimon und Mendelssohn zerstritten, denn Mendelssohn nahm Maimons offenen *Spinozismus* doch übel. Mendelssohn ist für den Versuch bekannt, die Widersprüche zwischen Judentum und modernen, demokratischen Werten auflösen zu wollen. Er neigte eher zu Kompromissen und kreativen Lösungen, er wollte über die damit einhergehenden Unbequemlichkeiten hinwegsehen. Heute würde man es vielleicht Orthopraxie nennen, was er vorantreiben wollte: die Überzeugung, dass die Praxis zur Identität wird, und nicht umgekehrt, genauer gesagt, dass man die Praxis auch ohne den Glauben braucht, dass sie nicht an die Religiosität gekoppelt sein muss. Seine Visionen haben sich nicht erfüllt. Seine Kinder und Enkelkinder haben sich integriert. Bis heute kämpfen das Reformjudentum und seine Verwandten mit demselben Problem: Der Mensch neigt dazu, Widersprüche glätten zu wollen, indem er sich für eine Seite entscheidet. Mendelssohns Nachkommen sind zum Großteil Christen.

Die Neo-Orthodoxie, wie sie später von dem Frankfurter Rabbiner Samson Raphael Hirsch gegründet wurde, ist ähnlich in ihrem Versuch, eine Art Überlappen zwischen säkularen und traditionellen Werten zu erlauben. Hier sollte das Judentum als Ergänzung zum modernen Leben dienen, anders als Mendelssohns moderne Orthodoxie, in der das Weltliche als Ergänzung zum Religiösen dienen soll. Es ist wie Beilage zum Fleisch statt Fleisch zur Beilage. Die Art und Weise, wie die Neo-Orthodoxie heute ausgelebt wird, erinnert aber sehr an die Versuche Mendelssohns: Es ist ein Kampf zwischen Gegensätzen, wonach immer eine Seite mehr als die andere leiden muss. Der Unterschied: Bei Mendelssohn war es die traditionelle Seite, die zusammenbröckelte, heute ist es oft eher die moderne, die sich unterwerfen muss.

Hier habe ich ein Bild im Kopf, das eines Tauziehens. Wenn eine Seite gewinnt, sobald die andere Seite loslässt, fliegt erstere zur Belohnung dann kopfüber. Die Spannung des Seils bleibt nur erhalten, wenn beide Seiten mit gleicher Kraft dranbleiben. Vielleicht ist es ein immer wieder neues Verhandeln statt Abschotten, was die Verbindung zwischen dem Glauben und den demokratischen Werten ermöglicht.

Wenn man sich die Geschichte von Abraham und seinem Vater, die Trennung vom Gläubigen und Ungläubigen, noch einmal anschaut, fragt man sich, gibt es nur das: die Unterwerfung unter einen Gott oder die Befreiung von Ihm? Viele haben versucht, das Judentum mit der Demokratie zu vereinen, nicht zuletzt die hellenistischen Juden. Meistens endet dieser Versuch in etwas ganz anderem, etwas, was wir dann nicht mehr Judentum nennen. Es gibt Juden, die gerne in die Säkularität flüchten, wie ich beispielsweise, und dann in jüdischen Kreisen nicht mehr als »richtig jüdisch« betrachtet werden. Das ist dann vielleicht ein Leiden auf persönlicher Ebene, ein Bruchteil dessen, was Spinoza erleiden musste, wobei man sagen muss, dass die Geschichte äußerst gütig mit den Juden umgegangen ist, die in ihrer Zeit verbannt und geächtet wurden. Diese sogenannten Verräter, wie sie immer wieder bezeichnet wurden, fügten eigentlich niemandem einen bleibenden Schaden zu, indem sie die Überzeugungen oder Praktiken einer kleineren Gruppe hinterfragten oder ablehnten, aber wenn man umgekehrt der gesamten Gesellschaft den Rücken kehrt und in die Tradition, egal wie inkompatibel, flüchtet, dann ist das ein Leiden auf kollektiver Ebene, denn jeder Mensch ist Teil eines Kollektivs, das sich aus verschiedenen Gruppierungen zusammensetzt, und mit jedem Verlust droht dieses mit dem Seil in der Hand kopfüber zu fliegen.

Heute ringen jüdische Gemeinden damit, der jüngeren Generation eine Identität zu vermitteln. Wenn es keine Religion mehr gibt, dann gibt es nur noch entweder Israel oder den Holocaust. Die Tradition an sich reicht selten ohne die religiöse Überzeugung. Die meisten Juden, die außerhalb Israels auf die Welt kommen, werden zunehmend davon absehen wollen, Israel zu ihrem Hauptidentitätsanker zu machen. Ebenso sieht man, dass jüngere jüdische wie nicht-jüdische Generationen sich immer weiter vom Holocaust als gesellschaftliche Identitätsfläche entfernen. Bleibt dann überhaupt etwas? Das ist eine Frage, die wir uns überall in der Welt stellen können. Bleibt das Seil straff? Und wenn nicht, in wessen Hand finden wir es, wenn das Tauziehen vorbei ist?

Die ersten Schlagzeilen treffen ein am Tag unserer Rückreise nach Deutschland. Es geht um Hartmut B., den Ehemann des Rabbiners Walter Homolka, Zeitungen berichten, er hätte Studierende sexuell belästigt. Die Artikel sind voller widerwärtiger Details. Nach all diesen Jahren!

Ich rufe meinen Freund Levi an.

»Ach was, das haben doch alle seit mehr als einem Jahrzehnt gewusst«, sagt er, unbeeindruckt von der ganzen Aufregung.

»Schon! Aber dass es endlich in den Zeitungen steht! Denkst du, es kommt jetzt alles ans Licht? Oder werden sie sich davon erholen?«

»Es sind zu viele darin verstrickt, das wird wahrscheinlich nicht passieren.«

»Es geht also nur um eine kleine Verschiebung der Machtverhältnisse. Keine kathartische Umgestaltung.«

»Mach dir nicht so viele Gedanken dazu, sonst wirst du wahnsinnig. Freu dich, dass du mit diesen Leuten nichts zu tun haben musst. Dass du frei bleiben konntest.«

Mich ruft man bald an, um nach Zitaten zu fragen und um Vermittlung von Betroffenen zu bitten. Aber ich kann schwer die Geschichten von mutmaßlichen Opfern erzählen, die selbst noch zu ängstlich sind, um an die Öffentlichkeit zu gehen. Ich kann nichts aus zweiter Hand weitergeben. Viele sind noch abhängig vom System. Andere glauben nicht, dass die Pyramide mit diesen Enthüllungen genug geschwächt wurde. Zu sehr ist die Politik darin verstrickt, zu sehr die wirtschaftliche Elite. Homolka lässt überall Unterlassungsaufforderungen wie Hämmer fallen, der Deutschlandfunk zieht einen lange recherchierten Beitrag, inklusive einem Zitat von mir, kurz vor Ausstrahlung zurück. Der Journalist, der sich auf mich verlassen hatte, ihn mit anderen Quellen zu verbinden, entschuldigt sich bei mir für die verschwendete Zeit und Energie. Er klingt selbst erschöpft und entmutigt.

Der deutsche Journalismus ist durch viele Gesetze eingeschränkt, die in diesem Land sehr anders als in Amerika ausfallen. In diesem Land hätte ein Harvey Weinstein nicht entblößt werden können. Ich denke zurzeit viel über Weinstein nach. Ich hatte damals eine Theorie entwickelt, warum es so viele jüdische Namen gab, die in Verbindung mit *MeToo* standen. Ich musste an die Zeit von *Occupy Wall Street* zurückdenken, jene größte Protestbewegung Nordamerikas als Reaktion auf die Finanzkrise, die eine Reform der Marktkontrollen forderte, an damals, als ich zum Hauptquartier der Demonstrierenden zum *Zuccotti Park* fuhr, um den Angereisten meine Waschmaschine und meine Dusche anzubieten. Ich war gerade fünfundzwanzig geworden. Die Bewegung weckte große Hoffnungen in mir, nachdem Obama die Schuldigen an der Krise weitgehend hatte davonkommen lassen und ich als alleinerziehende Mutter versuchte, in der Rezession ein Leben ohne jegliche Ressourcen zu beginnen. Aber im *Zuccotti Park* hörte ich auch die ersten antisemitischen Parolen meines Lebens, die direkt vor mir ausgesprochen wurden. Und als ich abends im Fernsehen Stephen Colbert sah, wie er Lloyd Blankfein als jemanden »mit seiner Hand auf der Affenpfote« beschrieb und sich damit auf eine berühmte Geschichte der englischsprachigen Horrorliteratur bezog, in der eine Affenpfote das Symbol für zerstörerische Gier ist, und wie er die Namen Ben Bernanke und Richard Fuld viel häufiger erwähnte als zum Beispiel die von Jamie Dimon, Timothy Geithner, John Mack, Henry Paulson und Ken Lewis, verstand ich, dass es nur die jüdischen Namen waren, die in diesem Zusammenhang hervorgehoben wurden, obwohl es so viele berühmte und mächtige Nicht-Juden in der Finanzindustrie gab, die ebenfalls Dreck am Stecken hatten. War es nicht bei Weinstein genauso gewesen? Es waren so viele Männer, aber hauptsächlich, so mein Eindruck damals, lasen wir über ihn, und über Jeffrey Epstein, nicht aber über die Menschen, mit denen sie in enger Verbindung standen. Gerade bei Epstein war diese Informationslücke besonders auffällig. Bis heute wissen wir nicht wirklich über sein Netzwerk Bescheid und wer ihn so als Zuhälter nutzte. Es waren so viele, die in dieser wuchtigen Welle mit angegriffen wurden, aber geblieben sind uns heute die Namen Weinstein und Epstein. Sogar das konservative jüdisch-amerikanische Online-Magazin *Tablet* veröffentlichte einen Artikel mit dem Titel und Untertitel: *Die spezifisch jüdische Perversität von Harvey Weinstein: Der in Ungnade gefallene Filmproduzent ist eine Figur wie aus einem Philip-Roth-Roman, der seine Rachefantasien an den Gojim auslebt.* Es gab zurecht einen Aufruhr. Wie konnte ein Jude selbst behaupten, dass so ein Verhalten, wie es Weinstein an den Tag gelegt hatte, etwas dem Jüdischen Inhärentes sei?

Man zitiert gerne Mark Twains Aufsatz »Concerning the Jews«, wenn man über die besondere Fähigkeit der Juden redet, sich als diskriminierte Minderheit verhältnismäßig oft in die höchsten Kreise zu begeben. Also, wenn man darauf stolz ist. Kritische Beobachter dieses Trends finden weniger schmackhafte Zitate. Aber im Prinzip läuft es auf dasselbe hinaus. Man vermutet, im Guten wie im Schlechten, dass Juden eine *besondere* Minderheit sind, weil sie sich immer unter den Privilegiertesten zu positionieren wussten. Hat niemand bedacht, dass dies von den Eliten auch genauso gewollt sein könnte – damit sie, wenn alles auffliegt, einen bestens geeigneten Blitzableiter hätten, auf den sie die ganze Wut würden konzentrieren können? Es ergibt doch Sinn, Juden in Branchen willkommen zu heißen, in denen regelmäßig geschwindelt und gelogen wird, sei es mit Zahlen oder mit Bildern. Dann hat man welche, auf die man zeigen kann, wenn jemand die Lügen aufdeckt. Diese Neigung, Juden in prominenten Kreisen zu öffentlichen Figuren zu machen, könnte man fast als etwas Antisemitisches sehen, als eine Verschwörung wie in den guten alten Zeiten, als die Sündenböcke auf perfide Art gezielt gesucht wurden.

Bis heute hat Goldman Sachs damit zu kämpfen, dass der Name ihres Chefs Lloyd Blankfein gleichbedeutend für Finanzschwindel steht, dass deshalb ein ganzer Wirtschaftszweig ins Licht antisemitischer Verschwörungstheorien gerät. Tatsächlich wird kein Name so sehr mit der Finanzkrise und dem damit einhergehenden Elend in Verbindung gebracht wie der von Blankfein. Auch das Bild von der Affenpfote geht mir nicht aus dem Kopf. Damals musste ich es Freundinnen mühsam erklären, warum die berechtigte Entrüstung über die Krise hier als Antisemitismus zum Ausdruck kam. Ich musste ihnen den Antisemitismus erklären, der darin besteht, dass wir bereit sind, die Maschinerie des Systems zu übersehen, um ein paar Figuren, die darin verfangen sind, verantwortlich zu machen. Ich verachte solche Menschen wie Lloyd Blankfein, aber nicht mehr als alle seine anderen Kollegen. Und es ärgert mich, dass ich ihn in Schutz nehmen will, weil ich statt über die Krise über die so befürchtete antisemitische Welle nachdenken muss, die daraus entstand.

Ist es antisemitisch, wenn jetzt Walter Homolka und sein Netzwerk auffliegen?, frage ich mich. Auch wenn sein Judentum an sich auf dem Prüfstand steht, hatte er doch früher behauptet, eine jüdische Großmutter zu haben, bevor er eine ungewöhnliche Konversion und eine zweifelhafte Ordination als Rabbiner durchmachte, stand er doch unter dem Schutzmantel des Judentums in der allgemeinen öffentlichen Wahrnehmung. Setzt seine Entblößung also auch einen Hass frei, der sich als berechtigte Wut würde tarnen wollen?

Ich muss über das eine, einzige Mal nachdenken, als ich mich mit Rabbi Homolka in einem Raum befand. Zugegeben, es war ein sehr großer Raum im Jüdischen Museum Berlin. Ich war gerade angekommen in Deutschland, und eine Stipendiatin, die ich schon in New York kennengelernt hatte, lud mich zu der Veranstaltung ein, wo das fünfjährige Jubiläum des von ihm ins Leben gerufenen Stipendiums gefeiert werden sollte. Der Saal war so voll, als wir ankamen, dass wir einen Stehplatz ganz hinten nehmen mussten. Vorne war eine prunkvolle Bühne mit Podium eingerichtet, verschiedene wichtige Figuren aus Politik und Kultur waren anwesend. Es gab lange, sich selbst wichtig nehmende Reden von Menschen, die ich damals noch gar nicht kannte, später würde ich es aber sehr wohl tun. Dann kam Homolka endlich zu Wort. Ich hatte vor dem Umzug mein C1-Zertifikat im Goethe-Institut erworben, ich erinnere mich noch, wie sehr ich mich freute, alles verstehen zu können, was er sagte. Er sprach die Studierenden an, die in den vielen Reihen saßen, er lobte sie für ihre Leistungen und drückte seinen Stolz und seine Bewunderung aus für das, was gemeinsam geschaffen wurde: eine neue Generation gebildeter, kultivierter deutscher Juden. Er stellte rhetorische Fragen an sein Publikum: Wisse es, was es bedeutet, jüdisch zu sein? Wisse es, welches Schicksal vor ihnen stand? *An den Studierenden liege es, zukünftige Führer der Welt zu sein, Einfluss auf das Weltgeschehen zu nehmen, Zeitgeschichte zu prägen.* Ich schaute meine Begleitung mit Verwirrung an, sie hob ihre Augenbrauen und schmunzelte ironisch. Sie war diese Tonlage offenbar gewohnt, vermittelte sie mir mit ihren funkelnden Augen. Dennoch fand ich es in dem Moment unfassbar, dass ein Rabbiner öffentlich kundtat, jüdisch zu sein hieße im Prinzip, die Weltherrschaft zu ergreifen. Es war, als hätte jemand die schlimmsten antisemitischen Verschwörungstheorien internalisiert, um sie dann in eine entsprechende neue Performance von Judentum umzuwandeln, als hätte jemand das Judentum unterwandert, um es von innen heraus zu zerstören. Aber das konnte nicht sein. Es war zu krass, um wahr zu sein, Stoff für Fiktion, für Fantasie. Ich sagte mir hinterher, ich hätte es falsch verstanden, ich hätte die Deutung übertrieben. Aber als ich mich nach der Veranstaltung umhörte, um für mich zu klären, ob ich das Gesagte auch wirklich richtig verstanden hatte, schien niemand überrascht oder verstört zu sein. Viel eher referierten die Studierenden eine ähnliche Überzeugung: dass sie in der Tat besonders waren, weil sie nun als Juden galten, dass sie ein einmaliges Schicksal angenommen hatten, dass sie, zumindest in diesem Land, immer als etwas Erhabenes gelten würden. Und ich kapierte, dass es ihnen auch gefiel so, dass sie mich nicht brauchten, um an ihrem Palast aus Ambitionen zu rütteln.

Ich rufe meine Freundin Rachel an.

»So, jetzt ist es raus. Jetzt musst du diese Geschichte für eine amerikanische Zeitung aufbereiten. Es ist einfach zu abgefahren, das wird dir jeder mit Kusshand abnehmen. Und die amerikanischen Gesetze werden dir viel mehr ermöglichen, als bisher ans Licht kam. Und die Leute werden bereitwillig mit dir reden. Weil sie wissen, dass das alles nicht mehr vergeblich ist.«

»Aber mein Deutsch ist nicht gut genug«, beschwert sie sich, »und die Geschichte ist ja wahnsinnig kompliziert, er hat sich ein riesiges Reich aufgebaut, bis ich das alles ausgepackt habe, das wird ein Jahr oder mehr dauern.«

»Na und? Dafür lohnt es sich, ein Jahr deines Lebens zu investieren. Das wird noch zu einem Buch, zu einem Film, warte nur ab.«

»Wie soll ich die Geschichte betiteln? Das jüdische Reich? Das Kapern des Judentums? Jüdischer als die Juden?«

»Passen alle.«

In der *Welt* erscheint ein Artikel von der Kantorin der Oranienburger Synagoge, selbst Tochter eines Konvertiten, die sich über die überwältigende Anzahl an Konvertiten in den liberalen deutsch-jüdischen Gemeinden beschwert. Die Kantorin wird von ihrer Chefin umgehend gefeuert, der ebenfalls konvertierten Rabbinerin Gesa Ederberg, die sich ironischerweise selbst schon öffentlich darüber beschwert hat, dass es so viele Konvertiten im deutschen Judentum gäbe. Alle wollen die einzigen Konvertiten sein, alle wollen alleine über die Macht und Summen bestimmen, die das Jüdischsein in Deutschland bedeutet. In diesen Tagen erleben wir eine Umkehrung der Verhältnisse, die vielleicht sogar etwas Tröstliches hat: endlich geht es nicht um die Juden, sondern um die Judenfetischisten.

Untereinander besprechen wir nun das Problem der Konversion fieberhaft. Kommt sie wirklich häufiger in Deutschland vor? Die Gemeinde ist hier so klein, vielleicht ist es auch ein Problem der Verhältnisse. Manche sagen, das Problem bestehe darin, dass die Konvertiten komischerweise alle an Machtpositionen gelangt sind, dass es denen nicht um das Judentum selbst gehe, sondern um die Vorteile, die sie sich damit einhandeln. Das spräche eher gegen das deutsche System, das dafür eingerichtet ist, jüdisches Leben zu fördern, aber dies auf eine Weise tut, die weitere Verdrängung verursacht. Tatsächlich kenne man nur wenige Konvertiten, die es mit ihrem Status nicht zu großer Aufmerksamkeit gebracht hätten. Sind sie trotzdem da, unbekannt, diskret, aufrichtig? Und schrumpfen die Gemeinden so bedrohlich, weil es den Konvertiten nicht um das Wohl der Gemeinden geht, sondern um ihr eigenes? Sievers und Ederberg leiten Synagogen, die kaum Stammbesucher haben. Junge Leute kommen auch nicht nach. Wie soll die Gemeinde wachsen, wenn sie so unattraktiv für die »eigentlichen«, hier ansässigen Juden ist? Ist es einfach eine weitere Zerstörung jüdischen Lebens, wie Rachel glaubt, diesmal subtiler und hinterhältiger, aber ein Verbindungsglied in einer alten Kette der perfiden Verdrängung?

Rachels Artikel würde ein Jahr später in der Tat erscheinen. Homolka sei besonders darin begabt, würde er erklären, jenen begüterten Deutschen ihre historische Schuld abzunehmen. Man nenne ihn einen Wunderrabbiner, der schwärmenden Journalisten verkünde, der Holocaust sei für seine Generation, knapp zwei Jahrzehnte nach dem Zweiten Weltkrieg geboren, nun nicht mehr zentral. »Wir schaffen viele neue Arten, jüdisch zu sein. Für alle, die Juden sein wollen, finden wir einen Weg, dies zu ermöglichen«, würde der Artikel Rabbi Homolka weiter zitieren. Am Ende käme das Zitat eines eigentlichen jüdischen Rabbiners in Deutschland, der die Lage so beklagte: *Erst haben sie uns vernichtet, nun werden wir einfach ersetzt.* Aus dem sicheren Abstand des englischsprachigen Raums ist es eine weitere skurrile Geschichte um einen modischen Scharlatan, ein Zirkus, über den man tuscheln und schmunzeln kann, aber die Absurdität der Blamage kaschiert die tiefe Wunde, die sie bei den deutschen Juden hinterlässt: niemand nimmt für sie Partei, weil sie immer noch nicht gewollt sind, nicht in ihrem wahrhaftigen Dasein, nicht wenn es eine bessere Version gäbe, die sich politischen Zwecken dienlicher erwiese.

Wann immer wir über die Konversion reden, muss ich unweigerlich an den genau einen Witz denken, den mein Großvater zu jedem festlichen Essen erzählte: Es ging um einen Juden aus dem Schtetl, der die Benachteiligung auf Grund seines Bekenntnisses irgendwann leid war. Er ging zur Kirche und sprach den Priester an: *Vater, darf ich Christ werden?* Der Priester antwortete begeistert: *Aber selbstverständlich, mein Sohn, komm nur herein, und wir machen dich zum Christen.* Der Priester sprenkelte heiliges Wasser auf den Kopf des Mannes und intonierte dreimal: *Du bist ein Christ, du bist ein Christ, du bist ein Christ.* Dann schickte er den Mann nach Hause mit der Ansage, alles über die Regeln und Gebote seiner Vergangenheit zu vergessen und sich nur auf eine einzige Regel zu konzentrieren: am Freitag sollen Christen kein Fleisch essen.

Ein paar Wochen später kam dem Priester der Gedanke, er solle doch das neue Mitglied seiner Gemeinde besuchen, um zu sehen, wie es sich mit der neuen Religion im Alltag so lebte. Es war Freitag, und er war entsprechend überrascht, als er sich dem Haus des Mannes näherte und den unverkennbaren Geruch von gebratenem Fleisch wahrnahm. Er schritt eilig zur Tür und klopfte vehement dagegen; der Mann öffnete mit einem herzlichen Gruß: *Wie Sie mich ehren, Vater, kommen Sie bitte herein, ich wollte gerade das Essen auf den Tisch stellen!* Und als der Priester dem neuen Konvertiten in die Küche folgte, sah er, wie der Mann einen riesigen Braten aus dem Ofen nimmt, und er schrie entsetzt auf: *Sechshundertdreizehn Regeln konntest du vorher befolgen, und nicht mal die einzige, die ich dir aufgab, ist bei dir stecken geblieben? Ich habe dich doch nur um eines gebeten, am Freitag kein Fleisch zu essen!*

Aber Vater, sagte der Mann überrascht, *ich habe Wasser darauf gesprenkelt und gesagt: Du bist ein Fisch, du bist ein Fisch, du bist ein Fisch!*

Zum Judentum kann man nicht einfach so übertreten. Man muss immer wieder abgelehnt werden. Diese Ablehnungen sollen eine Prüfung darstellen. Sie gehen zurück auf die Geschichte von Ruth und ihrer jüdischen Schwiegermutter Naomi. Nach dem Tod von Ruths Mann will Naomi zurück ins Land ihrer Herkunft. Ruth möchte mit ihr mitgehen, möchte so leben wie sie, Teil derselben Gesellschaft werden. Ihre Schwiegermutter verbietet es ihr, doch als sie sich auf den Weg macht, folgt ihr Ruth. Immer wieder versucht Naomi, sie abzuweisen, sie zurückzuschicken. Sie sei keine Jüdin, sie habe in ihrem Land nichts zu suchen, sagt Naomi abschätzig. Aber Ruth folgt ihr weiter, schluckt jede Beleidigung, lässt sich nicht von Drohungen oder Warnungen einschüchtern.

Historiker haben es leicht, Ruths Beharrlichkeit zu erklären. Das Judentum sei damals im Verhältnis zu anderen Religionen gerade in Sachen Frauen sehr progressiv gewesen. Ruth war nun Witwe, sie hätte nirgendwo so viele Rechte und Sicherheiten wie in der jüdischen Welt gehabt. Sie folgte Naomi, nicht weil sie vom Gott Israels überzeugt war, sondern von den Menschen, die in seinem Namen eine etwas weniger frauenfeindliche Welt erschaffen hatten. Kurzum: Ruth war eine schlaue Opportunistin.

In der Geschichte gilt sie als Heldin. Da Ruth sich von Naomis Ablehnungen nie entmutigen ließ, hat man sie zur Mutter aller Konvertiten ernannt. Beharrlichkeit ist zu dem wesentlichen Beweis geworden, dass dem Konvertiten zu vertrauen ist. König David war Ruths Urenkel, seine Geschichte ehrte sie noch mehr, und es wird gesagt, sogar der Messias würde seine Abstammung auf sie zurückführen können. Der Sohn eines deutschen Pfarrers, Walter Homolka, dessen Beharrlichkeit nicht zu bezweifeln ist, konnte womöglich seine Heldengeschichte hier sehr leicht finden: von Konvertiten kommt doch die Erlösung.

Anfang September 2022 in Berlin; es gibt weitere Veranstaltungen zum Gedenken des Holocausts. Erst feiert man den siebzigsten Jahrestag des Luxemburger Abkommens, einem 1952 geschlossenen Übereinkommen zwischen der Bundesrepublik Deutschland, dem Staat Israel und der *Jewish Claims Conference*, in dem es um Wiedergutmachung und Entschädigungszahlungen geht: Das Bundesfinanzministerium lädt ins Jüdische Museum ein, Christian Lindner hält eine Rede, Kanzler Scholz ebenfalls und verschiedene ausländische Repräsentanten jüdischer Organisationen. Ich bin im Publikum, wie ich es oft bin, nicht weil man mich braucht, sondern weil ich neugierig bin auf diese ritualisierten Aufführungen, wo alle mitmachen, aber niemand wirklich glücklich damit scheint. Für jeden, der in Deutschland eine große Karriere anstrebt, sei er jüdisch oder nicht, ist die Teilnahme an solchen Feierlichkeiten unverzichtbar. Danach gibt es Klezmer-Musik. Beim Mittagessen im Hof beschweren sich meine jüdischen Bekannten darüber. Und ich denke, ist doch besser als Schlager.

Zur selben Zeit feiert der Freundeskreis *Yad Vashem* fünfundzwanzig Jahre in Deutschland, und da sich Kanzler Scholz vor Kurzem in einem Skandal verfing, als er Mahmoud Abbas, den Repräsentanten der palästinensischen Fatah-Bewegung, bei einer Pressekonferenz nicht unterbrach, als dieser den Holocaust mit der israelischen Besetzung Palästinas verglich, wird kurzfristig angekündigt, dass er auch bei dieser Veranstaltung auftreten würde.

Die Feier findet in der Synagoge in der Joachimsthaler Straße statt, die meine Lieblingssynagoge in Berlin ist (was auch nicht viel heißt.) Nicht nur weil sie bei mir um die Ecke liegt und im Laden im Vorderhaus Bagels verkauft werden, sondern auch weil der Rabbiner einer in der alten Tradition ist, wie ich sie kenne, wohl der einzige in Berlin: ein klassischer Diaspora-Jude mit orthodoxem Hintergrund, der aber erstaunlich modern ist für seine Verhältnisse. Er hat ein abtrünniges Kind, zu dem er trotz aller Konventionen hält. Diesem hatte er die Aufgabe erteilt, bei uns in der Gegend ein koscheres Restaurant zu eröffnen, und Isaac und ich sind da regelmäßige Gäste. Der Sohn des Rabbiners hat dann auch andere angeheuert, die wie er und ich sind,

Abtrünnige also, ehemalige Orthodoxe, und obwohl ich eigentlich gar keine Koscher-Regeln einhalten mag, fühle ich mich in diesem Zwischenraum, den der Rabbiner hat schaffen lassen, erstaunlich wohl. Vielleicht ist er auf eine Art und Weise meine Gemeinde, ein Raum, in der Abtrünnige sich gemeinsam mit Gläubigen aufhalten dürfen, eine Vision für eine Welt, die keine Trennung zwischen uns fordert.

Als ich dieses Mal in die Synagoge gehe, ist es anders als sonst, weil es kaum Juden im Publikum gibt, sondern vor allem nicht-jüdische Deutsche, die die Arbeit von *Yad Vashem* unterstützen, Repräsentanten großer Konzerne, Politiker, Funktionäre. Es ist ein bisschen ein *Who's who* der deutschen Szene der Judenfreunde, mancher aufrichtiger als andere. Alle Männer bekommen *Kippot*, die traditionelle Kopfbedeckung, und ich insistiere darauf, ebenfalls eine zu bekommen, auch wenn ich nur eine Frau bin. In der Regel würde ich ganz hinten in den für Frauen vorgesehenen Reihen sitzen müssen (immerhin nicht in einem getrennten Raum), aber heute ist alles anders, ein wenig lässiger, wir sitzen gemischt.

Scholz hält seine Rede in einem monotonen Tonfall, und das ist auch nichts Neues, er wirkt und klingt außergewöhnlich müde und erschöpft, und ich denke, Gott sei Dank für die Menschen, die Kanzler werden wollen, eigentlich kann den Job niemand mögen.

Nachher tritt der Kantor aus der Pestalozzistraße auf das kleine Podest, um das Lied *Ani Maamin* vorzutragen. Es ist ein Lied, das ich gut kenne, er singt es auch in der traditionellen, alten Melodie. Wortwörtlich bedeutet es: *Ich glaub mit einem vollkommenen Glauben an das Kommen des Messias, und wenn er schon lang außbleibt, gleichwohl werde ich auf ihn harren und warten…*

Während er singt, ist der Raum voller Ehrfurcht, still und ruhig, die Menschen sitzen mit nach unten gebeugten Köpfen, wie bei einem kirchlichen Gebet. Nur ich schaue mich neugierig um. Ich sehe plötzlich, ganz vorne, wie der alte Rabbiner in seinem vorderen Sitz neben dem Altar seinen Körper auf unverwechselbare Weise hin- und herschaukelt, und erinnere mich unweigerlich an die riesigen Menschenmassen in der Synagoge meiner Kindheit, die sich wie eine verschmolzene Einheit ebenfalls hin- und herbewegten, als sie dieses Lied sangen, weil es sich gehörte, mit seinem Körper zu beten, genau so wie mit der Seele, und das Schaukeln war so instinktiv, dass man gar nicht darüber nachdachte. Es ist ein uraltes Schaukeln, das schon seit unzähligen Generationen in den Körpern dieser Menschen eingeschrieben ist. Der Rabbiner hier ist nun aber der Einzige im Raum, der sich so schaukelt, und im Vergleich dazu kommen mir die anderen plötzlich wie eingefroren und deplatziert vor. Dann schaue ich auf meinen eigenen Schoß und merke, er ist doch nicht der Einzige. Denn ich habe mich die ganze Zeit genauso bewegt wie er, ohne es zu bemerken. Auch mein Körper springt immer noch an, wenn das Kommen des Messias gepriesen wird.

Im selben Herbst feiert das Enkelkind von Ziona und Amiram, die uns durch das Viertel *Mea Shearim* in Jerusalem führten, in Berlin seinen dreizehnten Geburtstag, seine *Bar Mizwa*. Wir stellen den Wecker auf 7.30 Uhr an einem Samstagmorgen; um 9.00 Uhr müssen wir in der Synagoge sein. Ich war seit sehr vielen Jahren nicht mehr für eine, wie man es in Deutschland oft nennt, innerjüdische Angelegenheit in einer Synagoge, ein jüdischer Gottesdienst liegt noch länger zurück. Der Mutter des Kindes hatte ich schon bei meiner RSVP gesagt: *Nur für dich ertrage ich einen Gottesdienst wieder!* Sie verstand die Bedeutung meiner Worte und schätzte sie.

Es gibt erstaunlich viele Synagogen in Berlin, dafür dass sie an den Wochenenden in aller Regel so leer sind. Aber jeder kennt inzwischen diese Fabel vom Juden, der auf einer einsamen Insel strandet und erst Jahre später entdeckt wird, woraufhin er seinen Rettern zuerst stolz vorzeigen möchte, wie er sich auf der Insel so eingerichtet hat. Die Besucher staunen, dass es zwei Synagogen zu geben scheint. *Wozu zwei Synagogen für eine Person?*, fragen sie berechtigterweise, und die Antwort ist weltberühmt: *das eine ist die Synagoge, in die ich immer gehe, und das andere ist die Synagoge, in der ich niemals Fuß fasse.* Soll heißen, Jüdischsein geht nicht ohne klare Positionierung – Zugehörigkeit erreicht man nur, indem man sich von etwas abgrenzt.

In dem schlichten roten Backsteingebäude in der Pestalozzistraße, dessen Eingang die Worte *6 Millionen Tote* über seiner Schwelle trägt, war ich noch nie; ich finde sie wirkt berlinerischer als die anderen Synagogen, in denen ich in dieser Stadt schon war, vor vielen Jahren noch, als Touristin. Sie versucht nicht, etwas Exotisches, sogar Nahöstliches zu sein, keine Kuppel, keine goldene Verzierung. Vielmehr verschmilzt sie mit ihrer gutbürgerlichen Umgebung. Im Jahr 1938 zerstört und im Jahr 1947 schon wieder eingeweiht, ist sie eigentlich sehr deutsch, sehr hiesig in ihrer architektonischen Gestaltung und sachlichen Ausstrahlung. Damals als orthodoxe Synagoge am Anfang des zwanzigsten Jahrhunderts erbaut, ist sie heute eine Reformsynagoge, was in Amerika aber etwas viel Liberaleres bedeuten würde. Hier ist aber »Reform« im deutschen, ursprünglichen Sinne gemeint, denn die Reformbewegung hat ihre Wurzeln in diesem Land. Wo die Ausgewanderten ihr neues Judentum immer weiter liberalisierten, blieben die deutschen Reformjuden bei ihren ursprünglichen Traditionen, und waren sie damals progressiv, gilt das heute schon nicht mehr: Die Geschlechter sitzen hier ebenfalls getrennt. Ich verabschiede mich von meinem Partner, der sich gemeinsam mit meinem Sohn in die fünfte Reihe des mittleren Abteils setzt, ich bleibe an der Seite, hinter der Mutter des *Bar Mizwa*-Kindes. Ich warne meinen Begleiter noch vor, dass wir hier mindestens drei Stunden verbringen werden, es wird noch lange gebetet, bevor es überhaupt zur Zeremonie kommt. Keiner von uns hatte sich die Zeit genommen zu frühstücken.

Es wurden extra Gebetbücher gedruckt, damit den vielen nicht-jüdischen Gästen das Ganze etwas verständlicher wird: das Hebräische ist mit lateinischen Buchstaben transkribiert, es gibt Notizen in der Marge, wann was passiert, wann man zu stehen oder zu sitzen hat, wann man laut *Amen* zu sagen hat und wann geschwiegen werden sollte. Ich bin sehr überrascht, als der Kantor, ein blonder Mann aus Argentinien, der vor kurzer Zeit in der Joachimsthaler Synagoge das *Ani Maamin*-Lied meiner Kindheit sang, nun mit einem Hut auftritt, der eher an die russisch-orthodoxe Kirche erinnert, und mit Melodien loslegt, die nichts mit denen aus meiner Kindheit oder meinen vorherigen Besuchen in Synagogen zu tun haben, sondern im Einklang mit der völlig unerwarteten Orgel und einem gemischten Chor stehen, der aus einer versteckten Galerie hervortönt und mich sofort an Gregorianische Gesänge denken lässt, wie ich es von Arvo Pärt oder Henryk Górecki kenne.

Ich schaue zu meinem Sohn hinüber, er schaut genauso verblüfft zurück. Heute Morgen hatte er mich gefragt, ob man tanzen würde, so wie er es von den Feierlichkeiten kennt, an denen er teilnimmt, wenn er manchmal seinen Vater in den USA besucht, wo seine Cousins in langen schwarzen Mänteln und schweren Pelzhüten stundenlang Kosakentänze vorführen. Ich hatte ihm erklärt, das sei unwahrscheinlich, denn diese Bräuche wären nicht per se jüdisch, sondern damals von Juden übernommen worden, die unter Slawen gewohnt haben, Slawen, die eben solche Kleidung trugen und solche Tänze pflegten. Dass chassidische Juden diese Bräuche aus ihrer Ursprungsregion erhalten hatten, während die Slawen vor Ort sie weitgehend hinter sich ließen, war eine übliche Praxis für alle jüdischen Gruppen in der Diaspora, egal wo sie herkamen. Das, was die Juden in fremden Gesellschaften immer auszeichnete, war nicht ihre Ursprünglichkeit an sich, sondern ihre Neigung dazu, die Traditionen anderer in sich aufzunehmen und viel länger und beharrlicher daran festzuhalten als deren ursprüngliche Vertreter. Nun verstand ich, dass diese deutschen Reformjuden im Prinzip nichts anderes machten, als die Traditionen der alten Kirchen zu übernehmen, während beispielsweise die heutigen christlichen Gotteshäuser, die ich in den letzten Jahren aus verschiedenen Gründen besucht habe, längst einen deutlich verschlankten Ritus aufwiesen.

Louis Lewandowski hat die Liturgie komponiert, flüstert mir meine Nachbarin zu und zeigt mir verstohlen die Wikipedia-Seite, die sie auf ihrem Handy geöffnet hat. Ich lese über die Bestrebungen im damaligen deutschen Judentum, endlich eine Liturgie zu erschaffen, die das Judentum mit dem Deutschsein verbände und die alten musikalischen, mündlich überlieferten Traditionen mit dem Klassischen, Romantischen der Epoche vermählen würde. Louis, eigentlich Lazarus (Lazer auf Jiddisch), aus seinem ursprünglichen Zuhause im Schtetl von seinem armen Vater nach Berlin fortgeschickt, stieg gesellschaftlich auf, indem er diesen Bestrebungen endlich nachgekommen war. Als 1866 die Neue Synagoge in der Oranienburger Straße eröffnet und er zum Musikalischen Direktor berufen wurde, wurden ihm beim großen Fest zur Einweihung der Orgel und Gründung des Chors Dankesworte von Bismarck höchstpersönlich zuteil, der überaus begeistert war von seiner Musik. Erst nach dem Krieg kam sein Ritus auch hier in der Pestalozzistraße an. Die liberalen Juden waren mit hierhergezogen, während in der Neuen Synagoge das sogenannte deutsche Judentum, im Sinne von Walter Homolka und seiner großen Familie deutscher Konvertiten, das Ruder übernahm.

Der Rabbiner Jonah Sievers, ehemals Gunnar Sievers, ein deutscher Konvertit mit einer mächtigen Rolle in der *Allgemeinen Rabbinerkonferenz*, leitet diese kleine, meistens kaum besuchte Synagoge, um seine

Position in diesem Gremium wohl offiziell zu untermauern. Er ist ganz offensichtlich überglücklich, an diesem Tag eine wichtige Rolle erfüllen zu können; er übersetzt jede seiner Anweisungen sorgfältig ins Englische, denn für die *Bar Mizwa*-Feier hat die Familie viele Gäste eingeladen, und ein Großteil kommt aus dem Ausland. Von daher erkennt man die Stammbesucher sofort, sie stechen aus dem Publikum heraus, mit ihren schon lange getragenen Gebetsschals und ihrem hohen Alter. Sie benehmen sich auch anders als wir, sie fühlen sich frei, das Ernste mit gutmütigen Sticheleien zu durchbrechen, sie schubsen sich gegenseitig, flüstern einander zu, schieben sich heimlich Schokoladenriegel in die eingebauten Schubladen hinein zur Stärkung, wofür sie selbstverständlich alle ihre eigenen passenden Schlüssel haben. Mein Sohn hatte sich aus Versehen auf einen Platz gesetzt, an dem anscheinend normalerweise ein Stammgast saß; der ältere Mann macht ein großes Gewese darum, mit seinem Schlüssel an seiner Schublade herumzuhantieren, bis er endlich sein Gebetsbuch und sein sonstiges Brimborium herausgekramt hat. Zusammengerechnet sind sie aber insgesamt nur ein Dutzend, diese Männer, und ohne die zusätzlichen Gäste anlässlich dieser besonderen Gelegenheit würden sie dem Chor, dem Kantor und den Rabbinern zahlenmäßig unterlegen sein. Da ich schon seit Jahren weiß, dass die Zahlen in den jüdischen Gemeinden Deutschlands schwinden, überrascht mich dies nicht. Irgendwann wird es diese Männer nicht mehr geben – was wird dann mit der Synagoge passieren, mit den Menschen, die man hier braucht, um den Ablauf eines Gottesdiensts überhaupt zu ermöglichen?

Erst als man die Arche endlich öffnet, um die in Samt verkleideten und prunkvoll verzierten Tora-Rollen zu entnehmen, gibt es ein kleines Gefühl der Vertrautheit, als der Kantor dann mit großer Feierlichkeit die Rolle durch die Reihen trägt, einen Umzug hinter sich her. Er begrüßt die Besucher, die sich alle aufgerichtet haben, um einen näheren Blick zu erhaschen, und manche Männer berühren die Tora mit einer von ihrem Gebetsschal umwickelten Hand, dann küssen sie andächtig den Stoff dort, wo er die Tora berührt hat. Danach entfaltet man die Rolle feierlich auf der Kanzel, und die Männer sammeln sich um sie herum. Verschiedene Gäste werden geehrt, indem man sie zum Vorlesen einlädt, und wer das Hebräische selbst mit Hilfe schriftlicher Akzente nicht flüssig zu rezitieren vermag, erhält die Unterstützung des Rabbiners, der stellvertretend für den Geehrten den Abschnitt gekonnt kantilliert. Und ich bin immerhin beeindruckt, dass dieser konvertierte Rabbiner sich zumindest die Mühe gemacht hat, ordentlich Hebräisch zu lernen.

Währenddessen gehen die Frau und die Töchter des Rabbiners mit großen Körben voller Zuckerl herum und ermutigen alle Gäste dazu, sich großzügig zu bedienen. Am Ende der Zeremonie muss man den Jungen traditionsgemäß aus allen Ecken mit diesen Süßigkeiten bewerfen. Denn obwohl eine *Bar Mizwa* mit der Verantwortung des Erwachsenwerdens einhergeht, soll diese einem auch versüßt werden, denn Verantwortung ist nicht ausschließlich eine Last, oder zumindest wollen wir dies glauben. Wir graben mit unseren Fingern in den Körben, sicherlich haben mehrere von uns die gleiche Idee, sich damit auch selbst zu stärken, bis es endlich zum Festschmaus hinübergeht.

Dann wird es für den *Bar Mizwa*-Jungen endlich Zeit, seine vielen Lehr- und Übungsstunden unter Beweis zu stellen und dem Publikum seine Tora-Lesung vorzutragen. Dies tut er selbstbewusst und einwandfrei, während der Kantor neben ihm mitflüstert, die beiden haben ihre Rücken zu uns gekehrt, sind über die Tora-Rolle gebeugt. Danach wird der Junge vom Kantor gesegnet, indem der Mann seine Hände über ihn erhebt und den Segen wie eine Opernarie singt, und erst dann darf der Junge, der nun ein Mann ist, zum Podium schreiten, um seine freie Rede zu halten.

Für einen Dreizehnjährigen ist es schon eine in ihrem Ernst sehr beeindruckende Rede geworden. Er sagt, der Teil der Tora, den er eben auf Hebräisch entsprechend der alten Tradition vorgelesen hat, beschäftige sich mit der Wahl zwischen Gut und Böse, mit den Entscheidungen, die ein Mensch trifft, die ihn auf den

Weg zu Ersterem oder Letzterem führen können. Und er bringt dieses Thema gleich in die Gegenwart, indem er erklärt, eine Wahl zu haben, sei meistens das Ergebnis einer privilegierten Lebensstellung. Eine Entscheidung zu treffen sei eine Freiheit, die er als Luxus betrachte. Er erzählt von seinen Großeltern Ziona und Amiram, die in den 1930er-Jahren in Palästina geboren wurden, aber sich in den Sechzigern gemeinsam entschieden hatten, nach England auszuwandern. Erst viele Jahrzehnte später, als ihre Kinder selbst schon Kinder großzogen, entschieden sie sich wiederum, nach Jerusalem zurückzugehen. Er erzählt von den Eltern seines Vaters, die sich entschlossen, in Ost-Deutschland zu bleiben, auch als es immer mehr danach aussah, als würde diese Entscheidung ihnen viele Freiheiten nehmen können, er erzählt von seinem streng protestantisch erzogenen Vater, der zur schwierigen Entscheidung kam, seine Kinder als Juden großzuziehen, und von seiner Mutter, die in England groß geworden war und eine ähnlich schwierige Entscheidung traf, die deutsche Staatsbürgerschaft anzunehmen und nach Deutschland zu ziehen. Und schließlich erzählt er von seiner eigenen Entscheidung, eine aktive Mitgliedschaft in der Jüdischen Gemeinde mit seiner *Bar Mizwa* anzustreben, denn diese fiele ihm nicht leicht, sagt er, es gäbe vieles, was ihm Unbehagen bereite, nämlich dass Männer und Frauen hier getrennt säßen, dass Frauen nicht aus der Tora vorlesen dürften, aber nichtsdestotrotz möchte er sich dieser Verantwortung stellen, die ihm die Entscheidungen seiner Eltern auferlege.

Vor mir weint seine Mutter, weint seine Großmutter. Alle im Publikum sind zutiefst berührt. Der Rabbiner bedankt sich bei dem Jungen für seine bewegenden Worte und sagt, er hoffe, dass die Tradition, der er sich nun stelle, auch viel Trost werde bieten können, wenn das Leben einmal Schwierigkeiten bereiten sollte. Er gratuliert ihm mit einem herzlichen *Mazel Tov*, und wir dürfen ihn nun mit den Zuckerln bewerfen, es hagelt von allen Seiten, die Tränen weichen Gelächter und Gesang, die Kinder springen alle aus den Reihen, um das aufzuklauben, was auf den Boden gefallen ist, die Jungen setzen ihre *Kippot* ab und nutzen sie als Schüsseln, die sie mit einem Berg aus Süßem füllen, die kleinen Mädchen schieben Händevoll in ihren Schoß und heben ihre Röcke an zwei Enden, um den ganzen Plunder wegzutragen. Die Erwachsenen greifen zu den übrigen Zuckerln und werfen sie immer wieder, sodass es einige Minuten lang hagelt und die alten Männer in den vorderen Reihen sich unter ihre Gebetsschals verkriechen.

Der Rabbiner sagt nun das letzte Gebet auf: Er betet für die Seelen der im Holocaust und der erst kürzlich Verstorbenen, für die Kranken, deren Namen er auch auflistet, er betet für die, die unter Krieg und Gewalt leiden, auch für die in unserer unmittelbaren Nähe, er betet, dass es endlich Frieden und Nächstenliebe auf der Welt gibt, und ich nicke zu seinen Worten und denke mir, so ist Religion eigentlich gar nicht so schlecht, wenn es nur immer so wäre, könnte es wirklich was Gutes bedeuten, und dann dürfte auch jeder dabei sein, Jude, Nicht-Jude, was macht es aus, Hauptsache Frieden auf der Welt, und dann beendet der Rabbiner sein Gebet mit dem Satz: *O Herr, mache, dass alle Bewohner der Welt einsehen, dass Israels Gott ist König.*

Nach den israelischen Wahlen im Herbst – und dem Sieg der extremen Rechten – ist alles anders. Und es geht weit über die Wahlen in Israel hinaus. Die Unruhe spielt sich überall ab. Was erst vor kurzer Zeit mit der Coronakrise anzufangen schien, hat sich inzwischen in viele Richtungen verbreitet, und die Pandemie kommt mir nun wie eine kleine Krise vor, die eine Zeit der Krisen einläuten ließ.

Mir scheint es immer noch äußerst nachvollziehbar, dass alles bald ein Ende haben kann. Meine Großeltern waren absolut überzeugt davon, dass die Apokalypse wie eine Riesenwelle wieder und wieder auf die Menschheit schwappt, in regelmäßigen Abständen, so wie die Tiden am Strand der Geschichte. Diese Gezeiten wären unaufhaltbar und unpersönlich, sie würden alles mit sich reißen, und die Menschen und Dinge, die bleiben sollten, lägen nachher wie Schwemmgut am Boden. So nahmen sie sich selbst wahr, als Treibholz der Geschichte.

Das muss auch für mich gelten. Auch ich habe mich hierher treiben lassen.

Ich unterhalte mich eines Tages mit einem geschätzten Nachbarn, der gerne die neuesten Entwicklungen der Politik und Gesellschaft mit mir bespricht. Er war noch ein Kind während des Krieges und hat sein Leben lang unzählige Bücher verschlungen, als wäre dieses Lesen fast eine Art Buße für etwas, jedenfalls ein inbrünstiger Versuch, irgendetwas aufzuarbeiten, was sich nicht aufarbeiten ließ.

»Vielleicht kannst du mir endlich die Juden erklären, liebe Deborah«, sagt er zu mir. Wohl zum ersten Mal in seinem Leben hat er mit einer Jüdin ein nachbarschaftliches Verhältnis. Es bietet ihm eine Gelegenheit dazu, endlich aus dem Abstrakten ins Praktische zu wechseln. Ich kann mir schon vorstellen, wie meine jüdischen Bekannten aus Deutschland auf eine solche Ansprache reagieren würden. Liegt es daran, dass ich nicht aus Deutschland komme, dass ich in seiner Frage nur meine eigene höre?

Seit ich in Deutschland wohne, werden mir die Fragen aus allen Ecken entgegengeschleudert, von der jüdischen wie der israelischen wie der deutschen Seite. Diese Fragen drängen auf Antworten, die ich aber bei aller Mühe nicht ausfindig machen kann.

Ich erzähle meinem Nachbarn stattdessen, dass in der Wohnung über mir vor Kurzem russische Flüchtlinge eingezogen sind, die viel Lärm machen. Besonders einer der Bewohner veranstaltet jeden Tag eine Art Berghain, er hat direkt nach dem Einzug ein teures Soundsystem installiert und spielt seitdem fast durchgehend Musik mit schwerem Bass. Meine Wohnung vibriert im Rhythmus eines panischen Herzschlags; die Gläser in der Vitrine klirren, die Türen zittern, und an den Wänden zeichnen sich Risse ab, wie das Aufplatzen der Erde in einer Dürre. Fast alle meine Nachbarn sind Rentner, so etwas kennt man im bürgerlichen Wilmersdorf kaum. Ich kann plötzlich in meiner eigenen Wohnung weder lesen noch schreiben, schlafen oder telefonieren. Wenn ich Freundinnen zu mir einlade, ist es unmöglich, sich zu unterhalten. Mein Nachbar sagt mir, das sei nicht hinzunehmen, ich müsse etwas tun, um mein Recht auf etwas Ruhe durchzusetzen. Ich versuche über die Vermieter eine Lösung zu finden, aber die Gespräche bringen leider nicht viel. Dann versuche ich mit meinem neuen Nachbarn aus Russland direkt zu reden. Er kann kein Deutsch und nur bedingt Englisch. Ich erkläre ihm, dass das Gebäude, in dem wir wohnen, ein Altbau, im Krieg schwer beschädigt wurde, fast die ganze Decke zwischen unseren zwei Wohnungen wurde von Bomben zerstört.

Er erzählt, er lade eben viele zu sich ein, andere Russen, die geflohen sind. Ich kann dieses Bedürfnis eines Exilanten nachvollziehen. Ich denke an die Juden, die nach Amerika mussten und wie sie oft als Deutsche argwöhnisch betrachtet wurden. Ich möchte nicht das Gleiche tun.

»Ich bin jüdisch«, erklärt mir der Nachbar plötzlich, als wäre diese Tatsache eine angemessene Replik. »Ich habe einen israelischen Pass. Ich habe viele ukrainische Freunde.«

Da ich um diese Information nicht gebeten habe, trifft sie mich überraschend.

»Ah hah.«

»Ja! Kennst du eine Hebräisch-Schule in Berlin? Ich möchte unbedingt Hebräisch lernen.«

Ich kann nicht anders, als darüber nachzudenken, warum ein Russe mit jüdischen Papieren trotz einem daraus folgenden israelischen Pass nach Berlin will, genau wie die jüdischen Flüchtlinge aus der Ukraine, die ich kenne, die auf Grund ihrer jüdischen Herkunft die deutsche Staatsangehörigkeit beantragen, nicht die israelische.

Alle reden immer von Israel, aber bleiben tun sie hier. Wie erklären sie es sich selbst?

Das sind Judenscheine«, schreit O. auf, die ich bei der Geburtstagsparty einer alten Freundin kennenlerne und die meine Berichterstattung über meinen russischen Nachbarn ebenfalls skeptisch sieht, »und ich weiß ganz genau, wo man die bekommt. Es gibt da diese Läden, meistens an den jüdischen Friedhöfen in den ehemals sowjetischen Ländern, da kann jeder ein Papier kaufen, das sein Judentum bescheinigt, dafür kann man, muss man aber nichts vorweisen. Warum denkst du, dass es inzwischen so viele Juden in Deutschland gibt? Das ist deren Eintrittskarte in den Westen, und dafür kriegt Deutschland statistisch gesehen den jüdischen Anteil seiner Bevölkerung auf einen Schlag wieder. Da schaut kein Mensch, ob diese Papiere überhaupt etwas belegen. Ich wette mit dir, dein Nachbar hat sich auch so einen Schein besorgt.«

Ich bin empört und drücke meine Zweifel aus. Egal wie der Nachbar sich auch benimmt, ich kann kaum glauben, dass jemand ohne jüdischen Bezug sich wirklich so einen Schein besorgen würde, um sich dann im Ausland als Jude zu verstellen. Das scheint mir ein zu großer Aufwand. Aber O. erzählt, sie habe dreißig Jahre lang für die jüdische Gemeinde gearbeitet, und zwar in einer leitenden Position; sie kenne die Politik auswendig, sie wisse alles über die Geheimnisse dieser Welt, und sie versichert mir: Die Mehrheit dieser Sowjetjuden wäre gar keine, und bei den Russen und Ukrainern, die gegenwärtig nach Deutschland strömen würden, sähe es noch schlimmer aus. War das der Grund, warum diese alleinerziehende Mutter, deren Sohn mit meinem in die Schule ging, so erpicht darauf war, mir die Beweise ihres Judentums zu zeigen? Weil sie nicht wollte, dass ich dächte, sie wäre eine dieser Opportunistinnen, die plötzlich jüdisch sein wollten, weil es passte?

Das Einzige, was ich aus der Geschichte herleiten kann, ist die ungeheure Ironie eines Judenscheines, der vorher einen Menschen in höchste Gefahr brachte und heute wie eine VIP-Karte funktioniert, die sonst verschlossene Tore öffnen kann. Diese Umkehrung der Verhältnisse ist kaum zu glauben.

Anfang 2023 treffe ich zufällig auf den internationalen Rechtsanwalt und Autor Philippe Sands. Früher hatte er sich noch sehr kritisch zur Ukraine geäußert, jetzt sieht er die Lage anders. Er sagt mir, tatsächlich habe sich im letzten Jahrzehnt sehr viel geändert, und das Land würde sich aufrichtig aus einem Demokratieverständnis heraus darum bemühen, seine Vergangenheit aufzuarbeiten und für Transparenz und Gerechtigkeit zu sorgen. Und ja, natürlich habe Selenskyj für die Juden in der Diaspora wahrlich alles verändert, sagt er.

»Und wie vereint man das mit dem Israel-Palästina-Konflikt?«

»Gar nicht. Es ist ganz klar ein Doppelstandard. Es ist schlichtweg unmöglich, sich einerseits für die Ukraine einzusetzen und andererseits die illegalen Besatzungen Israels schweigend hinzunehmen. Das macht es denen leicht, die von Heuchelei sprechen.«

Philippe erzählt mir, er habe sich erst vor Kurzem entschieden, in der Verhandlung des Nahostkonflikts vor dem Internationalen Gerichtshof die Vertretung Palästinas als Teil eines Anwaltsteams zu übernehmen. Bevor ich meine Bewunderung angemessen zum Ausdruck bringen kann, unterbricht uns ein deutscher Zuhörer vom Nebentisch, der uns erklären will, warum es doch einen großen Unterschied zwischen der Ukraine und Palästina gäbe und warum er sich für seine Meinung da gar nicht rechtfertigen müsse und so weiter, und es entflammt ein leidenschaftliches Gespräch, und zum ersten Mal seit Langem stehe ich nicht alleine mit meiner Haltung, und ich freue mich, Philippe zuhören zu können, wie er die Sache ruhig, freundlich und konsequent erläutert.

Er unterstütze das Recht Israels, in voller Sicherheit innerhalb seiner anerkannten Grenzen zu existieren, aber auch das Recht, Israel – wie jeden anderen Staat – zu kritisieren, wenn das Land gegen internationales Recht verstößt. Solche Kritik sei nicht per se antisemitisch, betont er. Die »besondere Natur« des Holocausts sei nicht gesetzlich festgelegt, erklärt er weiter, aber er könne anerkennen, dass es sich für einen Deutschen um eine kulturell verankerte Haltung handele, die heute untrennbar mit dem Sonderstatus Israels verbunden sei. »Ich bin nicht für eine Rangliste des Grauens«, sagt er, »für jeden, der Opfer eines Völkermordes oder eines Verbrechens gegen die Menschlichkeit ist, wird es sich wie das Schlimmste aller Verbrechen anfühlen.« Aber wenn man den Holocaust in eine Reihe mit anderen Völkermorden oder Verbrechen gegen die Menschlichkeit stelle, dann müsse man die Sache mit dem Nahostkonflikt genau wie alle anderen vergleichbaren Konflikte angehen. Dass der deutsche Tischnachbar so sehr auf die Besonderheit poche, mehr zum Beispiel als ein Jude, der selbst Kind von Holocaust-Überlebenden ist, wie es bei ihm beispielsweise der Fall sei, so Philippe, liege an dieser identitätsstiftenden deutschen Loyalität zu Israel und zu seinem Erlösungsversprechen im geschichtlichen wie im sozialsymbolischen Sinne.

Eines Tages, sage ich zu Philippe, werden sich nur noch die Deutschen um die Geschichte des Holocausts kümmern. Weil die israelischen Juden, die jetzt an die Regierung gekommen sind und alsbald die absolute Macht haben werden, dies als unnötig, ja sogar ungünstig ansehen werden. Die zukünftigen Führer Israels können die moralische Verantwortung, die das Holocaust-Gedenken mit sich bringt, gar nicht gebrauchen. Eher wollen sie sich davon befreien, um sich auch in ihrem Handeln davon befreien zu können.

Ich erzähle Sands, wie ich einmal am Jahrestag der Reichspogromnacht eine Gedenkveranstaltung in einem Berliner Theater moderierte und ich dann zwei beliebige Menschen aus dem Publikum auf die Bühne gebeten hatte, damit sie mir ihre eigenen Erfahrungen zum Thema mitteilten. Man hörte zuerst die üblichen Bekenntnisse zum hohen Stellenwert der Vergangenheitsbewältigung, man verstand also schnell, dass man es hier mit *erfahrenen* Bewältigern zu tun hatte. Aber ich versuchte natürlich dezidiert, wie es meine Art ist, das Gespräch ins Persönliche zu lenken. Ich wollte keine Predigt hören, wollte auch nicht, dass mein Publikum sich angenehm spiegeln konnte, wie man es vielleicht von solchen Veranstaltungen hätte erwarten können. Ich fragte, wie es überhaupt dazu gekommen war, dass man in seinem eigenen Leben zu diesem Thema gefunden hatte. Die erste Frau, die sich nur ihre Kindheit in der Nachkriegszeit Frankreichs in Erinnerung rufen konnte, erzählte sehr emotional über die Ausgrenzung und Häme, die sie als deutsches Mädchen im Land des gerade noch gewesenen Feindes erfahren habe und wie sie durch diese Aggression von außen gezwungenermaßen darüber nachdenken musste, woher es kam, dass sich so viel persönlicher Hass auf sie richtete. Ihre Erinnerung war ein Versuch, sich von dem Schmerz zu lösen, den sie als Kind verspürt hatte und von dem sie vielleicht geglaubt hatte, sie hätte diese Behandlung verdient gehabt; in dieser Hinsicht hätte sie durchaus auf Sympathie stoßen können, nur schien sie immer noch in dieser Kindheitsperspektive gefangen, stellte sich als Opfer der Geschichte dar, beschrieb die Erinnerung als Abgrenzung also, das Gedenken als persönliche Befreiung. Das Publikum mochte dies nicht so gerne hören und fing an, mit Stöhnen und Grunzen auffällig zu werden. Aber noch viel interessanter wurde es, als wir schnell zu einem älteren Herrn wechselten, der seine Kindheit in den Dreißigern und Vierzigern noch sehr gut in Erinnerung hatte. Er erzählte, wie er sich nach dem Krieg vom ersten Moment an sofort für die Aufarbeitung engagiert habe, wie er sein ganzes langes Leben mit der Aufarbeitung des Holocaustes verbracht habe. Alles hätte er dafür geopfert, seine Karriere, seine Beziehungen, sogar seine Familie. Die Beschreibung dieses Lebensweges war so extrem, dass ich umso neugieriger auf das persönliche Geheimnis wurde, das ich dahinter vermutete. Es war nicht einfach, aber endlich konnte ich ihn dazu bringen, indem ich ihn fragte, ob er sich möglicherweise daran würde erinnern können, irgendwann einmal Juden kennengelernt zu haben.

Da ging ein Leuchten über sein Gesicht, und er sagte, *aber natürlich*, und zwar wären sie so voll integriert in das Berliner Leben gewesen, dass es sogar bei ihm im Haus einige jüdische Nachbarn gegeben hätte, mit denen sich alle gut vertragen hätten, und seine liebste Spielkameradin sei ein bezauberndes jüdisches Mädchen gewesen, das er innig geliebt hätte.

Und wisse er, was aus diesem Mädchen geworden sei, fragte ich nach, und er, ohne zu zögern, antwortete, ach, es wäre an einer Blinddarmentzündung erkrankt und ins Krankenhaus gebracht worden, um leider kurz darauf daran zu sterben.

Wie er denn darauf gekommen sei, wollte ich wissen.

Sein Vater hätte ihm dies mitgeteilt. Ja, er wäre Nazi gewesen, dieser Vater. Mochte keine Juden, das stimmte.

In welchem Jahr sei es denn passiert, fragte ich weiter, und er wieder ohne zu zögern: Ende 1942.

Ich wiederholte seine These für ihn, in der Hoffnung, er würde ein bisschen ins Grübeln kommen.

»Also, Sie hatten eine jüdische Spielgefährtin, die im Jahr 1942 verschwunden ist, und Sie glauben, es läge daran, dass sie erkrankt ist und man ihr im Krankenhaus nicht helfen konnte.«

»Ja, genau.« Der Herr nickte eifrig.

»Am Ende des Jahres 1942.«

»Ja.«

»Wo Juden längst nicht mehr medizinische Behandlung erhalten durften?«

»Nein, nein, sie konnte ins Krankenhaus. Man hat sie behandelt.«

»Und das wissen Sie, weil Ihr Vater Ihnen das als Kind so erklärt hat, nachdem Sie Ihre geliebte Spielkameradin nicht mehr gesehen haben.«

»Ja!«

»Aha.«

Ich war einen Moment lang sprachlos, und auch wenn das Publikum bislang genauso gebannt gewesen war wie ich, war diese kurze Stille wie ein Bruch in der Spannung, und plötzlich erhob sich aus den Reihen ein unverkennbares Grollen, ich sah zu den Gesichtern in den ersten Reihen, die voller Frust, Wut, Empörung waren. Worüber waren sie empört, fragte ich mich in dem Moment, dass der Mann nicht zu der offensichtlichen Einsicht fähig war? Oder weil sie sich dadurch selbst angegriffen fühlten?

Am nächsten Morgen landete eine Mail in meinem Postfach: *Ihre Familienaufstellung hat ins Wespennest gestochen,* lautete der Betreff. Eine Frau namens Natalia, die bei der Veranstaltung anwesend gewesen war, erzählte mir ihre Sicht auf den Abend: Die Unfähigkeit dieser Deutschen, über die Scham und Schuld im Zusammenhang mit dem Holocaust zu sprechen, sei schnell in Aggression umgeschlagen, habe sie beobachtet. Wer über diese komplizierte emotionale Situation nicht spreche, die kaum einer durchschaut und aufgearbeitet habe, sei anfällig für Antisemitismus. Gerade deshalb sei der gestrige Versuch sehr wichtig gewesen, betonte sie, auch wenn sich am Ende alles in Selbstdarstellungen zerfranst hätte. Wespen aufzuschrecken sei richtig, auch wenn es zu schmerzhaften Stichen führen könnte. Es sei wie in einer therapeutischen Familienaufstellung, wo versucht würde, eine gute Lösung für alle zu finden, was erst möglich sei, nachdem das Verborgene sichtbar gemacht wurde.

Nach einer guten Lösung für alle. Oh ja. Aber sicherlich ist mit meinem kleinen, unbedeutsamen Versuch nichts sichtbar gemacht worden, außer der Unsichtbarkeit selbst, die uns allen eigen ist, ich nehme mich da nicht aus.

Ende Januar kommt Dani Dayan, der neue Chef von *Yad Vashem*, nach Berlin, um zum ersten Mal eine *Yad Vashem*-Ausstellung im Ausland zu eröffnen. Die Eröffnung findet im Bundestag statt, sie ist wieder so gut besucht wie alle anderen Veranstaltungen, wieder dieses *Who's who* der deutschen Szene, ich sitze links in der zweiten Reihe, hinter ein paar Schulkindern, die noch schnell ihre Texte üben, die sie bald rezitieren sollen.

Sechzehn Objekte hat die israelische Institution nach Deutschland reisen lassen, sechzehn Gegenstände, die einmal deutschen Juden gehört haben, unter ihnen ein *Chanukah*-Leuchter, eine Puppe, eine Tasche, Sachen, die auf einen normalen Alltag hindeuten. Es ist das erste Mal überhaupt, dass die Organisation es erlaubt hat, Objekte ins Ausland zu schicken. Und wie Dayan es in seiner Eröffnungsrede preisgibt, ist es im Prinzip auch das erste Mal, dass er freiwillig nach Deutschland gereist sei. Wenn man ihm das früher vorausgesagt hätte, so erzählt er, hätte er es nicht geglaubt. Deutschland sei für ihn lange ein Ort gewesen, wohin er sich nicht getraut hätte. Ich muss unweigerlich an die vielen Israelis meiner Generation denken, die keine vergleichbaren Probleme damit hatten, nach Deutschland zu ziehen, um hier ihr Leben aufzubauen und Israel und seine Widersprüche für immer hinter sich zu lassen. Ich frage mich, wie sehr sich jemand an die Vergangenheit klammern muss, um damit die Gegenwart so wirksam ausblenden zu können. Die früheren Tabus sind doch längst keine mehr.

Warum er nun doch nach Berlin gekommen ist, erklärt Dayan so: Die Lage habe sich sehr verändert, *Yad Vashem* könne es sich nicht mehr leisten, auf die Menschen zu warten, die bisher zu ihnen pilgerten, nun verstanden sie in Israel, dass sie auch selbst zu den Menschen kommen mussten, um die Erinnerung am Leben zu halten.

Ob diese Einsicht auch mit den veränderten politischen Machtverhältnissen zu tun hat? Sehr wohl, denke ich, denn so ein dramatischer Kurswechsel wird nicht an einem Zufall liegen. Noch denkt man in liberalen israelischen Kreisen, sich den Verschiebungen der Machtverhältnisse anpassen zu können, vielleicht sogar ein wenig dagegensteuern oder einen Ausgleich schaffen zu können. Wird es eines Tages noch Juden geben, die bereit sein werden, alles zu verteidigen, was die orthodoxe Mehrheit über das Land Israel und die besetzten Gebiete wohl bringen wird? Und was wird es dann bedeuten, kulturell jüdisch zu sein, wenn das Judentum im Licht des radikalen Fundamentalismus stehen und keine andere Assoziationen mehr erlauben wird? Wie wird man sich im Judentum finden können, wenn man dafür auf seine liberalen Werte wird vollständig verzichten müssen?

Ich schaue zu, wie nachher alle für die Fotografen posieren, sie sind stolz und glücklich, die Deutschen, weil man schon so weit gekommen ist, und die Israelis, weil man sich hier noch erzählen kann, alles wäre so wie früher, alles könne ewig so weiter gehen. Und ich wünsche mir nichts sehnlicher, als dass wir damit aufhören, uns Lügen zu erzählen.

MIX
Papier | Fördert gute Waldnutzung
FSC® C014496

Penguin Random House Verlagsgruppe FSC® N001967

1. Auflage

Umschlaggestaltung: Sabine Kwauka
Umschlagmotiv: © shutterstock / E. O.
Satz: GGP Media GmbH, Pößneck
Druck und Einband: GGP Media GmbH, Pößneck
Printed in Germany
ISBN 978-3-630-87751-8

www.luchterhand-literaturverlag.de
facebook.com/luchterhandverlag

Deborah Feldman

Unorthodox

384 Seiten, btb 71534
Aus dem Amerikanischen von Christian Ruzicska

»Eine unglaubliche Geschichte, die man völlig atemlos liest.«
Ijoma Mangold, Die Zeit

Am Tag seines Erscheinens führte »Unorthodox« schlagartig die Bestsellerliste der New York Times an und war sofort ausverkauft. Wenige Monate später durchbrach die Auflage die Millionengrenze. In der chassidischen Satmar-Gemeinde in Williamsburg, New York, herrschen die strengsten Regeln einer ultraorthodoxen jüdischen Gruppe weltweit. Deborah Feldman führt uns bis an die Grenzen des Erträglichen, wenn sie von der strikten Unterwerfung unter die strengen Lebensgesetze erzählt, von Ausgrenzung, Armut, von der Unterdrückung der Frau, von ihrer Zwangsehe. Und von der alltäglichen Angst, bei Verbotenem entdeckt und bestraft zu werden. Sie erzählt, wie sie den beispiellosen Mut und die ungeheure Kraft zum Verlassen der Gemeinde findet – um ihrem Sohn ein Leben in Freiheit zu ermöglichen. Noch nie hat eine Autorin ihre Befreiung aus den Fesseln religiöser Extremisten so lebensnah, so ehrlich, so analytisch klug und dabei literarisch so anspruchsvoll erzählt.

»Der unverblümte, berührende Bericht über die Selbstbefreiung einer jungen Frau.«
Stern

Deborah Feldman

Überbitten

704 Seiten, btb 71614
Aus dem Englischen von Christian Ruzicska

Die Fortsetzung des Spiegel-Bestsellers »Unorthodox«

Mit 23 verlässt Deborah Feldman die ultraorthodoxe chassidische Gemeinde der Satmarer Juden in Williamsburg, New York, und damit das Leben, das sie in »Unorthodox« so packend erzählt hat. Die Möglichkeit zurückzukehren hat sie nicht. Sie folgt ihrem großen Traum, gemeinsam mit ihrem Sohn in Freiheit zu leben. Sie verlässt New York und folgt den europäischen Spuren ihrer geliebten Großmutter, die den Holocaust überlebt hat und die die einzige Person war, bei der sich die junge Frau angenommen fühlte. Schließlich gelingt es Deborah Feldman, Wurzeln zu schlagen, ausgerechnet in Berlin, dem Ort, der durch die Satmarer mit so vielen Ängsten und Vorurteilen verbunden war. Bildstark, wortgewaltig erzählt Deborah Feldman die beeindruckende Geschichte einer Selbstfindung und Versöhnung mit der Vergangenheit.

»Deborah Feldman erschreibt sich in »Überbitten« ihr Leben.«
Der Spiegel

btb